Juntos
LADO
a LADO

Nuestro Servicio a la Gente
de Cactus, Texas

LIBROS

BWD
Una Biblioteca para el Mundo
por Tammy Condon

TESTIGO PRESENCIAL
Una Sociedad Opresiva Vista desde Dentro
por Gusztinné Tulipán Mária

JUNTOS, LADO A LADO
Nuestro Servicio a la Gente de Cactus, Texas
por Jenni Monteblanco

LOS MURSI
Alcancemos a los Todavía No Alcanzados de Etiopía
por Howie Shute

Juntos
LADO
a LADO

Nuestro Servicio a la Gente
de Cactus, Texas

por
JENNI MONTEBLANCO

Misiones Nazarenas Internacionales

DEDICATORIA

A Vito —esposo, copastor, codirector y amigo—, al que le agradezco la ayuda que me ha dado en relatar la historia de Cactus. No querría vivir esta vida de locuras con ninguna otra persona.

A Olivia y a Elías: estoy sumamente orgullosa de ambos, y de cómo escuchan y siguen de todo corazón a Dios. El ministerio en Cactus es definitivamente un asunto de familia. Me bendice ser su mamá.

Índice de Contenido

Sobre la Autora

Jenni Monteblanco es la codirectora del Centro de Ministerios Nazarenos de Cactus, Texas, EUA, una responsabilidad que comparte con su esposo Vito. Además, es pastora, esposa, mamá, maestra de la escuela en la casa para sus hijos, y la lista sigue. Para Jenni, su pasión son los ministerios pro refugiados e inmigrantes, el discipulado y el café. A los 10 años de edad recibió un llamado al ministerio de tiempo completo y siempre supo que sería en un contexto transcultural. Sin embargo, nunca se imaginó que su campo misionero iba a estar en "el patio trasero", apenas a una hora de su ciudad natal. Jenni y Vito son padres de dos hermosos hijos, Olivia y Elías.

Capítulo 1
Confianza

No estábamos pensando en irnos a ninguna parte. La vida nos sonreía. La iglesia que pastoreábamos estaba creciendo. Nuestros dos hijitos habían sido aceptados en nuevas escuelas autónomas. No había razón para huir. No, "huir" no es la palabra correcta; no en este caso. No como lo habían hecho los que pronto serían nuestros vecinos.

Ellos sí tuvieron que huir. Muchos no lo harían por quererlo, sino porque quedarse era morir. Viajarían por días e incluso meses, generalmente a pie, con solo lo qué pudieran llevar encima. Esperarían encontrar comida y agua potable en el camino. Viajarían en pruebas y lágrimas. Sufrirían la pérdida de hogares, de posesiones, de identidad, y a veces incluso de la vida.

Hubo quienes no tendrían que huir, pero elegirían hacerlo. Elegirían salir de sus hogares y de sus países, dejando atrás sus sistemas de apoyo, porque la vida que vivían era tan pobre que estaban dispuestos a intentar *lo que fuera* con tal de encontrar algo mejor. Algunos saldrían sin los miembros de su familia; otros pagarían grandes cantidades de dinero por salir; y aun otros soportarían toda posible dificultad. También viajarían en pruebas, lágrimas y privaciones.

Pero no era el caso con nosotros, ¿por qué, entonces, irnos? La vida nos sonreía. Era una vida estable. Una vida cómoda.

Era principios de 2013. Mi esposo Vito y yo estábamos pastoreando la Iglesia del Nazareno de la Avenida Taylor en Racine, Wisconsin, EUA, y nos preparábamos para el primer servicio de Promesa de Fe en pro de las misiones que la iglesia había tenido en años. Era nuestro primer pastorado; Vito servía como pastor titular y yo como pastora de discipulado.

Las cosas en Racine nos iban bien, demasiado de bien si de "lenguaje de iglesia" se trataba. Lo números iban en aumento, la gente crecía espiritualmente, e incluso estábamos asumiendo compromisos financieros adicionales en favor de otros. Estábamos entrando nuestro tercer año de servicio a la pequeña congregación y nos sentíamos plenamente satisfechos.

Al principio, cuando llegamos, la iglesia estaba funcionado como dos congregaciones separadas, una anglo y otra hispana. Siendo que nuestro llamado era a los ministerios multiculturales, se nos había traído con el fin de fusionar las dos congregaciones. Los días de "nosotros" y "ellos" habían terminado. Esta iglesia había aprendido a aceptar sus diferencias y adoraban y servían a Dios como una congregación bilingüe unida.

El fin de semana de Promesa de Fe había llegado, y reinaba el entusiasmo. Teníamos un excelente grupo estudiantil de alabanza de la Olivet Nazarene University, de Bourbonnaise, Illinois, EUA, que nos traería la música y nos ayudaría en las actividades del fin de semana. Teníamos programadas varias y fascinantes actividades: un servicio para la juventud, una cena internacional, y un bien conocido orador misionero.

Vito y yo habíamos hablado sobre cuál sería nuestro compromiso de promesa de fe, es decir, lo que prometeríamos ofrendar. Decidimos que podríamos separar apretadamente unos $25[1] mensuales. Para nuestra joven familia de cuatro, esa cantidad representaba dejar de comer en algún restaurante una vez por mes, y era algo que se podía. Desde el punto de vista del presupuesto de la iglesia, nuestra promesa de $300 al año ayudaría enormemente.

Ese domingo por la mañana, Olivia, nuestra hijita de seis años, no se sentía bien, así que me quedé con ella en la casa. Oré toda la mañana esperando escuchar cómo había ido el servicio; quería saber especialmente cómo Dios había retado a la gente a dar más allá de sus posibilidades. ¿Alcanzaríamos nuestra meta? ¿Seríamos impelidos por un movimiento del Espíritu? ¿O todo terminaría siendo un enorme fracaso? ¿Nos decepcionaría que todo nuestro arduo trabajo hubiera caído en oídos sordos y en corazones cerrados?

Inmediatamente después del servicio Vito me texteó desde su teléfono móvil, "¡$7,000 prometidos!" ¡Qué emoción! Prometer $7,000 era algo enorme para nuestra pequeña congregación. A penas podía esperar que Vito llegara a la casa para que me compartiera todos los detalles.

Casi enseguida después de que Vito regresara, me soltó la bomba: "Jenni, pienso que me equivoqué. Pienso que marqué 'semanal' en vez de 'mensual' en nuestra tarjeta de promesa".

¿Qué? No podía ser. Tenía que ser un error. Era seguro que no recordaba bien. Era una cantidad cuatro veces mayor que los $25 por mes que habíamos pensado. **No había forma** de poder cumplir con esa obligación. El entusiasmo de un gran fin de semana de Promesa de Fe desapareció repentinamente. ¿Cómo íbamos a hacer para cumplir con tan enorme compromiso? ¿Deberíamos encontrar alguna manera de cambiar la cantidad prometida?

Al fin y al cabo, dimos los $25 semanales. Ojalá pudiera decirle al lector que tomamos la decisión de dar $25 por semana porque confiábamos en Dios, pero en realidad solo lo hicimos porque nos sentíamos demasiado de avergonzados para cambiar nuestro compromiso. Así que, dimos nuestros $25 por semana. ¿Pero sabe el lector una cosa? Nunca se sintió darlos.

No comparto esto para hablar de lo fabulosos que son Vito y Jenni Monteblanco, puesto que no lo somos. Tampoco es mi intención crear en nadie un sentido de culpabilidad que lo haga llamar al tesorero para cuadruplicar su compromiso financiero con la iglesia. Lo comparto como un ejemplo, a fin de demostrar que esto sería apenas el principio de lo que Dios estaba a punto de hacer en nuestras vidas, y que fue una lección enorme en el juego llamado **confianza**.

CAPÍTULO 2

"*ESTOS MÁS PEQUEÑOS*"[2]

POR SUSAN DOWNS

Era un caluroso y árido día de octubre en la franja noroeste de Texas. Mi esposo David y yo viajábamos por un desierto llano y abrasador cundido de artemisas cuando de repente llegamos a un pueblo en la carretera estatal 287. El letrero al borde de la carretera decía: "Cactus, Texas".

Habíamos llegado a nuestro destino. Una polvorienta calle principal atravesaba el pueblo, con varias tiendas, una torre de agua y una que otra vivienda móvil. No había nada que sorprendiera. ¡Ah, pero la gente! Mujeres con animados chales birmanos caminaban por la acera llevando sus compras. Altos y delgados hombres sudaneses se agrupaban en las esquinas, hablando y riendo. Niños asiáticos jugaban fútbol en una cancha de tierra bajo la mirada vigilante de sus madres. Por todas partes, en automóviles, en los comercios y en las calles, familias centroamericanas bullían de actividad, algunos vestidos con ponchos guatemaltecos de teñidos brillantes y con sandalias plásticas.

David y yo sabíamos de los guatemaltecos. Por eso estábamos allí. David es un superintendente de distrito para nuestra denominación, la Iglesia del Nazareno. Se le había designado recientemente como supervisor de 100 iglesias desparramadas en un área de aproximadamente 160,000 kilómetros cuadrados en el occidente de Texas. Estábamos visitando las iglesias de todo el distrito, lo que incluía la pequeña congregación de habla hispana de Cactus, compuesta en considerable medida por guatemaltecos.

Pero, ¿qué hacía esta virtual Organización de Naciones Unidas de inmigrantes en un lejano pueblo de Texas? La totalidad de la escena me resultó desconcertante. No era tanto su diversidad. De hecho, yo acogía esa diversidad. Más bien era la pobreza. Muchas de las viviendas móviles se encontraban herrumbradas y casi por derrumbarse, con tejados anclados por neumáticos desechados. El viento hacía que las plantas rodadoras corrieran por las calles. Un grupo de hombres estaba echado frente a una gasolinera mientras tomaban de botellas envueltas en bolsas de papel marrón. Las únicas instalaciones acicaladas en la vía principal eran las de la mezquita de cúpula dorada.

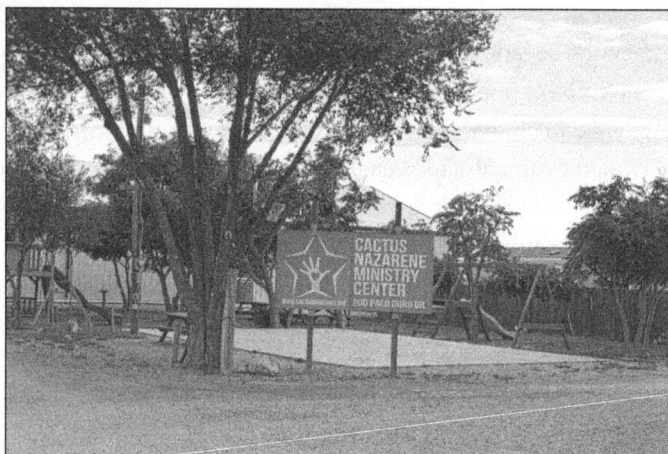

Centro de Ministerios Nazarenos de Cactus

Pero lo peor era el olor. El aire apestaba a metano y a quién sabe qué más. Apenas podía respirar cuando nos bajamos frente al pequeño edificio de bloques de hormigón alquilado por nuestra congregación de habla hispana. Habíamos traído a nuestro nieto de cinco años con nosotros en el viaje. Él le apodó a la peste del lugar "el olor de Cactus".

Pero, al entrar encontramos el pequeño santuario repleto de personas, con bancas separadas apenas 10 centímetros entre sí, pero completamente ocupadas. El grupo de alabanza nos dirigió con cánticos por casi una hora. La pastora, la hermana Elda, a quien mi esposo había persuadido para que abandonara su jubilación, predicó en español a un mar de deseosos rostros. Nuestro nieto encontró a otros niños de su edad y se sintió en casa.

Después del servicio disfrutamos con la congregación de una comida guatemalteca tradicional preparada en nuestro honor. David y yo compartimos con varios de los miembros de la iglesia que hablaban inglés. Las preguntas se atropellaban en mi mente, pero no quería ser brusca.

"Usted probablemente se está preguntando qué está haciendo tanta diversidad de personas aquí en la franja noroeste de Texas, ¿verdad?" me preguntó una hermana mientras se sonreía. Yo asentí con la cabeza.

"Es la planta empacadora de carnes", me dijo. "Está cerca del pueblo. Es una de las más grandes de Texas. Procesan algo así como entre cuatro a cinco mil reses al día. Casi todo el mundo trabaja en la planta. Hace unos años, las autoridades allanaron el lugar y encontraron que la planta estaba empleando a enormes cantidades de inmigrantes sin papeles. Tras el incidente, la compañía comenzó a reclutar refugiados autorizados legalmente para vivir en los Estados Unidos. Tenemos gente de Guatemala, Myanmar, Somalia y Sudán, es decir, casi de cada país destrozado por la guerra. La mayoría de los somalíes son musulmanes, como lo son también los birmanos. Pero hay algunos que son cristianos, particularmente entre los sudaneses y los guatemaltecos. Vienen aquí para sus cultos de adoración, porque son varias las congregaciones protestantes que alquilan estas instalaciones; los que no, van a la parroquia católica. Eso es más o menos todo en cuanto a iglesias se refiere".

David y yo habíamos servido como misioneros en Corea del Sur por cinco años. Yo también había viajado extensamente con una agencia internacional de adopción de niños en Fort Worth, Texas. Me sentía cómoda entre las diversas culturas. En mi corazón yo sabía que la iglesia existe para servir a los necesitados. Pero Cactus me abrumó. La necesidad parecía demasiado grande. Y la inmigración es una cuestión demasiado de candente en Texas. ¿Sería realmente una buena idea involucrarse en Cactus?

David terminó de compartir y volvimos al automóvil. Mientras nos dirigíamos a nuestro siguiente destino orábamos.

"Señor, este pueblo, esta iglesia, te necesitan en gran manera", oraba David. "Muéstranos cómo poner los recursos de nuestra denominación a servir en este lugar. Recordamos tus palabras en la Biblia: 'Bienaventurados los pobres en espíritu, porque de ellos es el reino de los cielos'" (Mateo 5:3).

Un poco más adelante David volvió a Cactus junto con Sam, un hermano nazareno de la cercana ciudad de Amarillo, para charlar con los residentes y los líderes de la comunidad a fin de saber cómo la iglesia podría ayudar. La principal prioridad era construir las instalaciones para la celebración de cultos y para albergar proyectos de servicio comunitario como clases de inglés como segundo idioma, ayuda legal gratuita, y clínicas de salud.

David quería incluir a todo Cactus, así que visitó a Rasheed, el líder musulmán de la comunidad somalí. Rasheed le expresó que le agradaría ver a la iglesia ampliar sus ayudas. Sugirió que no se pusiera la palabra *"iglesia"* en los rótulos, no fuera a ser que alguien se sintiera inadvertidamente excluido.

"¿Qué si le llamamos un centro de ministerios?", preguntó David.

"Perfecto", dijo Rasheed.

El plan tomó forma. Solicitaríamos donativos para comprar un tipo de edificio prefabricado para almacenaje y después pediríamos que voluntarios de la denominación nos ayudaran a instalarlo. David y Sam filmaron un video sobre Cactus y prepararon una película corta para mostrarla en una convención nazarena de distrito la primavera siguiente.

Instalaciones del Centro de Ministerios Nazarenos de Cactus

Parecía que todo el mundo al que le hablábamos de Cactus quería donar.

Pronto empezamos a alinear ofertas de equipos de voluntarios para levantar un edificio de acero de 3 mil metros cuadrados —lo que incluyó paredes, soldadura y electricidad. Vito y Jenni [Monteblanco] se mudaron a Cactus e inmediatamente establecieron un esfuerzo colaborativo con el distrito escolar de la localidad para servir almuerzos gratuitos a los niños que se quedaban sin almorzar durante el verano cuando la cafetería de la escuela estaba cerrada. La hermana Elda se jubiló (otra vez) y Vito asumió la responsabilidad de pastor interino de la congregación guatemalteca.

La congregación africana se está reuniendo en las instalaciones de la Young Men Christian Association, mientras que todos los demás esperan los toques finales en las instalaciones del centro de ministerios, las que todavía necesitan el sistema de calefacción y el de aire acondicionado. Pero ya las hemos estado utilizando para días ocasionales de "mercadillo público", convirtiendo el área principal en un bazar de alimentos, ropa y artículos del hogar que nos han sido donados. Cuando se hayan completado, las instalaciones con paredes de metal de color caramelo y verde del Centro de Ministerios Nazarenos de Cactus ofrecerán espacio para cultos de diferentes congregaciones según sus etnias, para clases de inglés, para las reuniones sobre asistencia legal, e incluso alojamiento temporal para misioneros nazarenos que estén sirviendo en asignaciones a corto plazo en Cactus.

No hace mucho David y yo nos encontrábamos rodeados de africanos bajo la sombra de uno de los pocos árboles del área del nuevo Centro. Participábamos en su entusiasta conversación sobre el progreso y el potencial del Centro. Pensé en mi primer día en Cactus y cómo me quedé atónita mientras miraba lo que me parecía ser un pueblo desolado.

Ahora Cactus era todo menos desolación. Por todas partes veía pruebas de que Dios estaba obrando.

"Sí", pensé, *"los Estados Unidos han cambiado"*. Pero cuando el Señor Jesús nos dice que sirvamos a "estos más pequeños" (Mateo 25:40) no hace acepción de idiomas o nacionalidades. "Porque tuve hambre, y me disteis de comer; tuve sed, y me disteis de beber; fui forastero, y me recogisteis" (Mateo 25:30), dice nuestro Señor. Es así de sencillo. Así que, en Cactus, Texas, eso es lo que estamos haciendo.

CAPÍTULO 3
"¿Ven esta Gente?"

Varias semanas después del servicio de Promesa de Fe, mi papá, Sam McPherson, compartió un vídeo sencillo, de tipo casero, en la página de Facebook de la familia, y lo tituló, "Miren lo qué he hecho hoy".

El superintendente Downs había invitado a mi papá, un líder laico, que lo ayudara con una presentación en vídeo para la asamblea del Distrito Occidental de Texas de la Iglesia del Nazareno a celebrarse en abril de 2013. En su página de Facebook mi papá compartía sobre el fascinante día que había pasado filmando el vídeo y disfrutando de una deliciosa comida somalí en el singular pueblo de Cactus.

Queriendo compartir el entusiasmo de mi papá, decidimos ver el vídeo. En el vídeo, el superintendente Downs hacía un llamado a la acción al Distrito Occidental de Texas, indicando que no sabía lo que el futuro traería, pero lo que sí estaba claro para él era que la gente de Cactus necesitaba la Iglesia del Nazareno.

Mientras veíamos el vídeo, Dios comenzó a moverse internamente en nosotros. "¿Ven esta gente? ¿Ven este lugar? ¿Pueden sentir la necesidad?"

"Pero Dios, las cosas nos están yendo demasiado de bien aquí en Wisconsin. Y estamos seguros de que el Distrito Occidental de Texas ya debe tener algún plan".

Los días pasaron. Aunque continuábamos con nuestra rutina diaria, de lo único que Vito y yo hablábamos era de Cactus. No nos podíamos desprender de la sensación de que Dios tenía algo grande para ese lugar. Así que, Vito le envió un correo electrónico al superintendente Downs compartiéndole nuestro interés y nuestras ideas.

Le escribo en esta ocasión con respecto al ministerio que se está desarrollando en Cactus, Texas. Como usted podrá imaginarse, los padres de Jenni han compartido la experiencia de mi suegro Sam de haber ido con usted a Cactus y del vídeo sobre el ministerio y la visión para Cactus. Oír hablar de la visión, los planes y el deseo de un compromiso con el ministerio en ese lugar, ha tocado las fibras más íntimas de nuestro corazón. Sea por las insinuaciones del Espíritu Santo, o sea por nuestra pasión por ministrar transculturalmente, Cactus ha estado en nuestros corazones y mentes desde nuestra primera conversación con mi suegro. Le estoy escribiendo debido a lo imposible que es para nosotros desaprovechar esta oportunidad.

Somos conscientes de que usted y la junta consultora de distrito están bastante adelantados en los planes para el trabajo en Cactus. No le estoy escribiendo asumiendo nada sobre esos planes. Sin embargo, queríamos compartirle lo que tenemos en nuestros corazones y lo que vemos como posible. Prevemos que, con la ayuda del Señor y un liderazgo adecuado, Cactus podría tener un centro de ministerios compasivos autosuficiente como parte vital de la comunidad. Para ser honestos, lo vemos convirtiéndose en el lugar de convergencia de la comunidad y líder prominente de la comunidad y de su desarrollo futuro. Lo vemos influyendo en la comunidad al ofrecer servicios sociales que vayan desde clases de inglés como segundo idioma hasta ayuda legal, preparación para los exámenes sobre desarrollo educativo general y la administración de los mismos, planificación financiera, ayuda para conseguir empleo, ayuda y capacitación para la transición del refugiado y del inmigrante, desarrollo infantil, juvenil y familiar, y así por el estilo. Además de proporcionar servicios sociales, prevemos que este centro colabore con la Iglesia del Nazareno que ya existe en Cactus al proveerles un lugar para la adoración, la evangelización y el discipulado, y no sólo para los hispanos sino para los africanos y los de otras culturas representadas en Cactus. Es decir, prevemos el trabajo de la Iglesia del Nazareno en Cactus por medio de este centro como un lugar cristocéntrico y comunitario que ofrezca el mensaje de esperanza en Cristo a través de servicios que empoderen a las personas para vivir vidas exitosas y para alcanzar su potencial máximo.

Nunca cruzó por nuestras mentes que seríamos nosotros los que llevaríamos a cabo esas ideas. Sabíamos que oraríamos por los esfuerzos del centro, y que, como hijos del videógrafo, teníamos algunas ideas, si era que el superintendente Downs deseaba oírlas. En nuestra ingenuidad, estábamos seguros de que nuestra experiencia —aunque limitada— podría resultar beneficiosa.

Vito y yo habíamos crecido en la Iglesia del Nazareno en los Estados Unidos —Vito en Lewiston, Idaho, y yo en Amarillo, Texas. Ambos recibimos el llamado al ministerio antes de nuestra adolescencia, y los dos sabíamos que algún día estaríamos sirviendo en un ambiente transcultural. Nos conocimos en la Northwest Nazarene University, en Nampa, Idaho, EUA, donde Vito se especializó en estudios internacionales y yo en matemáticas y ciencias naturales. Después de casarnos y graduarnos, servimos siete meses como misioneros nazarenos voluntarios en Guatemala.

Luego nos trasladamos a Kansas City, en donde Vito asistió al Nazarene Theological Seminary, y yo me inscribí en el programa de maestría por Internet de la Northwest Nazarene University. Mientras estudiábamos, servimos en diversos lugares como pastores de niños, pastores de jóvenes, en varias posiciones en el Centro de Ministerio Global de la denominación, y en diversas organizaciones sin fines de lucro.

Nuestro tiempo en Kansas City pareció un revoltijo de trabajos y experiencias. Sin embargo, a la luz de lo que sucedía en Cactus, Texas, comenzamos a percatarnos de cómo todas esas experiencias podrían encajar. Comenzamos a darnos cuenta de que quizá teníamos algo que ofrecer al Distrito Occidental de Texas a medida se comenzaba a considerar lo que la Iglesia del Nazareno podría hacer en Cactus.

Nuestro correo electrónico fue respondido breve pero cortésmente con un, "Qué agradable oír de ustedes. Su visión suena casi idéntica a la mía. Mucho me gustaría reunirme con ustedes para hablar con más detalle sobre sus ideas…".

¡Fiuu! Lo hicimos. Habíamos hecho lo que Dios nos había pedido que hiciéramos; habíamos escrito al Superintendente de Distrito. Ahora había que regresar a nuestra vida real.

Pocas semanas después recibimos otro correo electrónico del superintendente Downs preguntándonos si podíamos tener una videoconferencia con él. El Distrito Occidental de Texas acababa de concluir la asamblea de distrito y Dios había hecho cosas asombrosas. En cuestión de días la Iglesia del Nazareno se había movilizado en apoyo de este llamado a la acción. Se habían recogido miles de dólares en la asamblea, y el distrito había puesto a la disposición fondos de la ofrenda de Alabastro para la compra de terreno.

El sueño de hacer algo en Cactus se convertía repentinamente en realidad. El Distrito Occidental de Texas iba a comenzar un centro de ministerios compasivos en Cactus. El superintendente Downs estaba compartiendo todo esto con nosotros; ah, y "¿Podrían, por favor, enviarme el currículum de ambos?"

*"Dios, espera un minuto. Nos pediste que compartiéramos lo que **ellos** podrían hacer en Cactus, no lo que **nosotros** podríamos hacer en Cactus".*

En abril de 2013 videoconferenciamos con el superintendente Downs y juntos compartimos sueños, pero también nos intercambiamos

Familia Monteblanco, 2014

los debidos, "¿Y qué si…?" ¿Qué si el Distrito Occidental de Texas abría un centro de ministerios compasivos? ¿Qué si el Distrito Occidental de Texas llamaba a la familia Monteblanco a Cactus? Y si respondíamos, ¿cómo nos íbamos a sostener? ¿Dónde viviríamos? ¿Cuál sería nuestro trabajo? Eran muchas las preguntas sin respuestas.

Comenzamos a esperar. En aquel momento uno se sentía como acorralado por todas estas preguntas sin respuestas. Recuerdo haberle dicho a Vito que los días sin respuestas debían significar que nada sucedería. Vito, siendo el más paciente en nuestro matrimonio, sugirió que "pusiéramos un vellón de lana" como lo hizo Gedeón en el libro de Jueces. Juntos, en oración, pedimos que Dios nos diera alguna respuesta para el día primero de mayo.

Exactamente el 1 de mayo, el teléfono sonó. Era el superintendente Downs. Acababa de reunirse con un pastor en su distrito que se sentía dirigido a ayudar de alguna manera en el proyecto de Cactus. El pastor no estaba seguro cómo exactamente lo haría, pero quería llevar el proyecto a la próxima reunión de la junta de su iglesia. El superintendente Downs compartió con el pastor sobre nuestra familia y le mencionó que quizá sería lo más conveniente proveerle un director al centro. ¿Consideraría quizá la iglesia que él pastoreaba ayudar a proporcionar el sueldo para un director?

Por haber nacido y haberme criado en la iglesia, no era extraño para mí lo de oraciones contestadas. Sin embargo, por primera vez en mi vida era como si Dios me hubiera hablado directamente. Dios contestó nuestras oraciones de una manera muy específica en el día exacto que habíamos señalado.

Una semana después, ya bien entrada la noche, recibimos una llamada telefónica de un alborozado superintendente Downs. Acababa de recibir una llamada telefónica del pastor y de la junta de la iglesia comprometiéndose a sostener completamente a la familia Monteblanco por un año como "misioneros" del Distrito Occidental de Texas en Cactus. Ciertamente nuestro campo misionero no iba a estar en un país lejano; el distrito nos estaba llamando a servir transculturalmente en un pueblo a unos 1,500 kilómetros de Racine.

"¿Qué? ¡Dios, espera un minuto! ¿Qué es lo que estás haciendo? No hemos llegado a un acuerdo sobre esto entre nosotros. Las cosas marchan bien aquí en Racine. Los preparativos para el domingo de Pentecostés están en progreso. Ya tenemos planes para los ministerios de verano. ¿Y qué en cuanto a nuestros hijos? ¿A qué escuela irían? ¿Dónde vamos a vivir?"

Dos semanas después, el Domingo de Pentecostés, la Iglesia del Nazareno de la avenida Taylor celebraría el servicio más asombroso en los tres años y medio que les habíamos servido. Bautizamos a seis nuevos creyentes, recibimos nueve miembros nuevos y cuatro por traslado, dedicamos a dos infantes, y hubo un altar lleno de gente que pedía oración y curación.

Es cierto que Dios había contestado nuestras oraciones sobre Cactus. Las puertas se estaban abriendo y no podíamos negar que Dios estaba obrando en todo. Sin embargo, todavía nos preguntábamos: ¿Será que Dios de veras nos está llamando a salir de nuestro lugar —a dejar toda esta comodidad, a dejar nuestros logros, a dejar la nueva escuela para nuestros hijos, y a dejar nuestros amigos?

"Dios, tú estás bendiciéndonos y estás usándonos aquí en el estado de Wisconsin. Te hemos dado nuestras vidas. Te hemos dado nuestros diezmos. Incluso te hemos dado cuadruplicado nuestras ofrendas de Promesa de Fe. ¿No basta con eso? De veras que aquí hay algo que no entendemos. ¿Que quieres que hagamos qué? A ver, quieres…

Que vayamos a un pueblo pobre, carente de limpieza y maloliente que necesita la luz de Cristo.

Que amemos a esa gente, que participemos en sus vidas, que descubramos sus necesidades y que las suplamos.

Nos estás llamando a vivir encarnacionalmente el evangelio. Ser literalmente Cristo en medio de la vida de la gente para que puedan verlo y ser redimidos, transformados y santificados".

Sí, Dios nos llamaba a hacer exactamente eso.

Apenas la semana siguiente, el fin de semana del Día de Recordación de 2013 en nuestro país, nos estábamos arrodillando en el altar de la Primera Iglesia del Nazareno de Amarillo, Texas, durante el servicio de Promesa de Fe, mientras firmábamos el contrato como directores del Centro de Ministerios Nazarenos de Cactus en Texas. En la tarde viajamos a Cactus para el servicio de colocación de la primera piedra del Centro. Estando Vito y yo mirando por los alrededores de la propiedad, Olivia nos miró y con una fe mucho mayor que sus seis años de edad nos dijo, "Esta gente necesita saber del Señor Jesús. Necesitamos decirles".

Estas palabras eran exactamente lo que había estado predicando Vito por tres años en la iglesia de la avenida Taylor. Repetidas veces había predicado sobre "ser" la iglesia. Rodeado por el amor y el apoyo de los miembros de la iglesia, era el momento de dar un salto de fe y practicar lo que habíamos estado predicando. Era tiempo de salir de las cuatro paredes del templo —incluso cuando nadie estaba totalmente seguro de cómo tal cosa se vería— y ser las manos y los pies de Cristo en Cactus, Texas.

CAPÍTULO 4
Cactus

El 4 de agosto de 2013, Vito, Jenni, Olivia y Elías Monteblanco llegamos a Cactus a lo que era un lote prácticamente vacío de unas dos hectáreas y media. El camión de mudanza contenía todo lo que nos quedaba en nuestras vidas. Hacía dos días habíamos salido de Racine, dejando atrás una espaciosa casa pastoral. Habíamos vendido más de la mitad de nuestras pertenencias para poder acomodar lo que nos quedara en una casa móvil de ancho sencillo.[3] Esta casa remolque era todo que había en ese lote de algo más de dos hectáreas que pronto se convertiría en el Centro de Ministerios Nazarenos de Cactus.

A finales del mes comenzarían los trabajos para el cimiento de las instalaciones del Centro; el acero para las instalaciones ya se había comprado. Sin embargo, el día que llegamos todo lo que había era el terreno y la casa móvil.

Frente a la casa móvil había una cavidad de 6 metros de profundidad en la que "alguien" intentaba encontrar el conducto para las aguas residuales de nuestra vivienda. La electricidad todavía no había sido instalada. El conducto de la alcantarilla todavía no se había encontrado. Tampoco había escalones frente a la puerta principal de la casa móvil. Tuvimos, pues, que acercar el camión con la mudanza a la puerta principal para poder comenzar a descargarlo directamente en la casa.

Nos quedaba un mueble por descargar en el fondo del camión, el piano vertical que una familia en Wisconsin le había regalado a Olivia. Veíamos los pocos hombres que nos habían ayudado a descargar; estaban tan agotados como lo estábamos nosotros. ¿Cómo íbamos a poder con el piano?

De repente, por la esquina de la calle, aparecieron cinco altos hombres africanos vestidos en ropa de iglesia. Vito, quien mide más de dos metros, podía mirar a los hombres a nivel de ojo, y su piel de hispanoestadounidense era mucho más clara que la marcada piel oscura de los recién llegados, que pronto supimos eran oriundos de Sudán del Sur. Tras echarle una mirada al piano, lo cargaron sin esfuerzo, metiéndolo por la puerta principal de la vivienda. A medida que desempacábamos nuestras pertenencias en la nueva casa y comenzábamos a poner en orden nuestro hogar, inmediatamente nos percatamos de que nuestro mundo en Cactus tenía un aspecto totalmente diferente.

Cactus es un pueblo tejano que, aunque sorprenda, tiene muy pocos cactus. Hay aproximadamente 4,000 habitantes, y el inglés es solo uno de los aproximadamente 40 idiomas que aquí se hablan. En los tres años que hemos vivido en Cactus, hemos conocido a personas de más de 20 etnias diferentes. Es un pueblo en el que no puedo simplemente preguntar, "¿De dónde es usted?" Más bien tengo que preguntar, "¿De qué tribu, clan o etnia nativa es usted?" Casi cada país representado en Cactus tiene más de un pueblo nativo, y en muchos casos tres o cuatro etnias indígenas. Aunque sean del mismo país, cada etnia puede que hable un idioma diferente, y que a menudo practique una religión distinta a las demás etnias de ese país.

Aproximadamente dos tercios de la gente en Cactus son refugiados, gente que ha sido forzada a salir de sus países para escapar de la guerra, la persecución o los desastres naturales. Los refugiados en Cactus son de segunda migración, lo que significa que la mayoría ha llegado a los Estados Unidos, han entrado a través de una ciudad principal, y después se han trasladado a Cactus para estar cerca de familiares, o para encontrar trabajo. La mayoría de los refugiados en Cactus son al presente de Sudán, Somalia, la República Democrática del Congo y Myanmar (Birmania).

La otra mitad son inmigrantes de México y Guatemala, algunos con papeles y otros no. En tiempos recientes hemos comenzado a ver

Vivienda típica de Cactus

en el área inmigrantes procedentes de Puerto Rico, Cuba y Haití. Aunque la mayoría de los inmigrantes han elegido salir de sus países de origen antes que ser forzados como refugiados, las historias de ambos grupos son bastante similares.

Hoy en día, en cualquier ciudad importante de los Estados Unidos, el lector puede encontrar grupos culturales como estos y más. La diferencia en Cactus es que no existe una típica presencia de blancos estadounidenses. Tampoco existe una estructura económica estadounidense típica, y menos aún los típicos lujos estadounidenses.

Los refugiados y los inmigrantes vinieron a Cactus en busca de trabajo. Una procesadora y empacadora de carne de res —propiedad de una de las cuatro principales compañías procesadoras de carnes en los Estados Unidos— tiene el pueblo de Cactus como su sede. La planta tiene la capacidad de procesar más de cinco mil cabezas de ganado por día, lo que va desde el ganado vivo hasta la curtiduría. Emplea a más de tres mil personas con pago por hora y más de quinientos empleados de nivel gerencial. En 2008 la planta comenzó a contratar refugiados y ahora es la sola razón de que Cactus, Texas, exista. Los que no trabajan en la industria cárnica lo hacen en corrales de alimentación de ganado y en lecherías, o son obreros inmigrantes en los establecimientos agrícolas circundantes.

Cactus es un pueblo en el que la gente viene a encontrar a otros como ellos. Encontrar a otros que han sido separados, que han sido marginados por la sociedad y se les mira como intrusos, se les critica, y se les juzga. No están viviendo el "sueño americano" que, estoy segura, muchos pensaron que vivirían cuando emprendieron su viaje a los Estados Unidos. No entienden nuestra cultura, ni nuestro idioma común, ni nuestro tenor general de vida. Para algunos, una sencilla estufa de cocina es algo desconocido por la costumbre de cocinar en hoyos en la tierra. Para otros, una cama para cada miembro de la familia es un lujo que solamente el rico puede permitirse; duermen por grupos de familia en el piso.

Los pocos en Cactus que son oriundos de los Estados Unidos a menudo también le están huyendo a algo. En su mayoría le están huyendo a los vicios, a la pobreza, y a ciclos que han plagado sus familias por generaciones. Para ellos, Cactus es "lo mejor que hay".

Este es un pueblo hundido en la pobreza,[4] y en el que muchas de las casas serían declaradas no aptas para vivir si estuvieran ubicadas en casi cualquier otra parte del país. No hay tiendas de comestibles, y la única que se asemeja a lo típico en los Estados Unidos es la de "todo a un dólar", la que a menudo es víctima de la "cultura" de Cactus, que cierra cada vez que quiere, y que deja empaques con huevos rotos tirados en el piso por días. No hay cuidado sanitario. No hay programas después de los horarios de clases de la escuela, ni tampoco deportivos, aparte de los que nuestro Centro ha comenzado.

Cactus es un pueblo al que intencionalmente se le ignora y menosprecia, y del que se habla. Con todo, es aquí que la Iglesia del Nazareno ha decidido que se podría hacer la diferencia. El Centro de Ministerios Nazarenos de Cactus surgió de la pasión de no simplemente predicar el evangelio los domingos en la mañana, sino de vivir diariamente el evangelio y de encontrar a las personas en el nivel donde estén y como estén en medio de sus desastrosas vidas.

Nuestro Centro es uno compasivo y cristocéntrico en sus ministerios, que comparte la esperanza de Cristo por medio de servicios sociales que empoderan a la persona y a la comunidad de Cactus para que vivan vidas exitosas y alcancen su máximo potencial.

Nos esforzamos en ser las manos y los pies del Señor Jesús mientras vivimos lado a lado con los inmigrantes y los refugiados en nuestro medio.

Nos esforzamos no en dar simplemente limosnas, sino en enseñar a la persona y en empoderarla para vivir con éxito en su nuevo hogar, con la meta última de que conozcan al Señor Jesús. Vertemos amor, ofrecemos misericordia, compartimos gracia, e impartimos esperanza.

Se nos ha llamado a vivir lado a lado con la gente de Cactus, Texas, mostrarles amor, y algún día llevarlos a una relación transformadora de vida con Jesucristo.

Vivimos lado a lado mostrándoles cómo utilizar una estufa y enseñándoles a cocinar las comidas que les son nuevas y diferentes.

Vivimos lado a lado comprándoles un bote de basura, pasando tiempo con ellos en la limpieza de sus casas, y explicándoles algún producto de limpieza por medio de un lenguaje de señas de mano y cuerpo que nadie hubiera pensado humanamente posible.

Vivimos lado a lado aprendiendo acerca de *sus* huertas, y cómo cocinar y disfrutar de plantas que ni siquiera sabíamos que existían, y mucho menos que fueran comestibles.

Vivimos lado a lado cultivando nuestras propias huertas y ofreciendo productos frescos en este desierto sin alimentos, y así les enseñamos a cómo manejar el tosco suelo de Texas.

Vivimos lado a lado proporcionando cobijas y abrigos para la familia completa y enseñándoles consejos de salud para vivir en las típicas temperaturas frígidas de los inviernos del noroeste de Texas.

Vivimos lado a lado ayudándoles con el papeleo de inmigración y guiándolos en la indagación de opciones asequibles de seguro médico.

Vivimos lado a lado ayudando a instalar asientos para infantes en los automóviles y explicando leyes de tránsito.

Vivimos lado a lado contestando preguntas difíciles como, "¿Qué debo hacer cuando sé que mi esposo tiene una novia?", y preguntas fáciles como, "¿Por qué usted escogió ser una cristiana?"

Hemos sido llamados a la gente de Cactus —a los de religiones múltiples, a los de ninguna religión, al borracho, al adicto, al criminal, al obrero, al divorciado, a los hijos de diferentes padres, a los abusados— a vivir entre ellos, compartir la vida con ellos, formar amistad con ellos, familiarizarnos con ellos, y a enamorarnos de ellos.

No hay fórmula; no hay manual de instrucciones. A decir verdad, las cosas en el Centro pueden verse a veces un poco al revés del ministerio "típico" de iglesia. Tradicionalmente en los Estados Unidos una iglesia funciona con un rol específico dentro de una sociedad organizada. Pero cuando la sociedad no está organizada, la iglesia tiene que asumir un papel diferente. En nuestro caso significa ser pacientes, amar, querer aprender, y querer hacer más con menos. Significa que nuestras vidas son llevadas hasta su límite con pruebas y dificultades similares a las enfrentadas por la gente a quienes ministramos. Significa dar el cien por ciento en todo lo que hacemos. A veces acertamos y resulta en un éxito enorme. Otras veces resulta en un completo fracaso. Mas en cada ocasión le damos la gloria a Dios sin importar lo que suceda.

Permítame presentarle a algunas de las personas de Cactus.

La gente que vive en Cactus, Texas,
provienen de los siguientes países
del Hemisferio Occidental:
México, Guatemala, Cuba, Haití, Puerto Rico y Guyana.

La gente que vive en Cactus, Texas,
proviene de los siguientes países
del Hemisferio Oriental:
Sudán, Sudán del Sur, República Democrática del Congo,
Somalia y Myanmar.

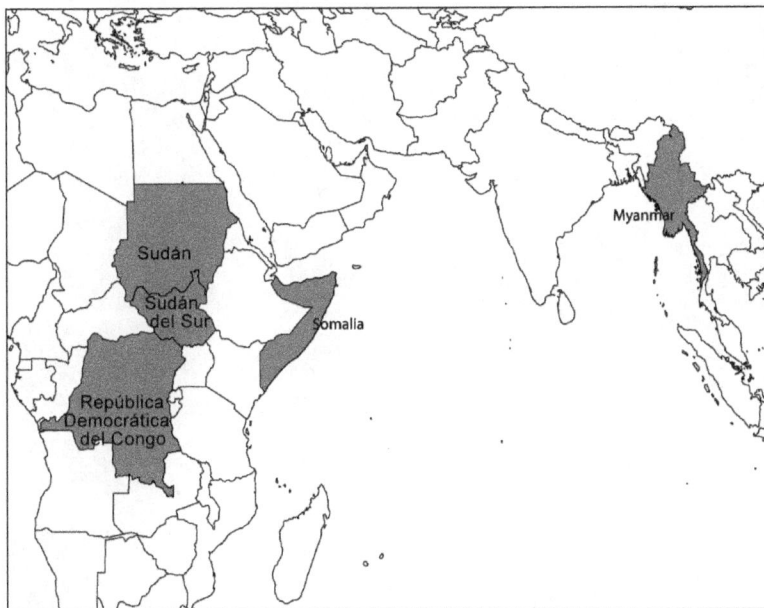

CAPÍTULO 5
Kuol

Conocimos a Kuol el primer día que visitamos a Cactus antes de que viviéramos aquí. Fue el día del servicio de colocación de primera piedra, el día que firmamos nuestro contrato, el día que dijimos "sí" a Cactus. Ese día conocimos a muchos sudaneses del sur, algunos de la tribu Dinka y otros de la tribu Nuer. Muchos eran de gran estatura, varios incluso más altos que Vito. Nos los presentaron como algunos de los "muchachos perdidos". Sabíamos que el calificativo era importante, pero en aquel momento no comprendimos el peso que llevaba tal distintivo.

De entre todo el grupo, había algo diferente en cuanto a Kuol. Y aunque no podía poner en palabras exactamente lo que Dios estaba haciendo en su vida, sabía que Dios lo llamaba para algo.

Pasamos mucho tiempo con Kuol cuando primero nos mudamos a Cactus. Él y otros de los sudaneses del sur nos ayudaron cuando comenzamos a verter la losa de cemento para el centro de ministerios. Sabían que un día las instalaciones les servirían como su templo.

A medida que las relaciones se desarrollaban, el superintendente Downs trajo al pastor Michael Gatkek a la franja noroccidental de Texas para que sirviera como fundador de iglesias africanas en el Distrito Occidental de Texas. Una de las primeras iglesias que se fundaría como misión sería la Iglesia del Nazareno Africana de Cactus. En marzo de 2014, la nueva congregación celebró su primer servicio en un salón alquilado de la organización comunitaria Young Men Christian Association, ya que los voluntarios todavía no habían podido completar las instalaciones del Centro. Kuol se convirtió en el líder laico de la congregación principalmente compuesta por sudsudaneses, y quien mayormente la dirigía.

Los domingos en la tarde Vito y Kuol manejaban en automóvil alrededor del pueblo ofreciéndoles a los varones transporte para la iglesia. Cuando el pastor Michael no podía venir a Cactus para el servicio, Vito y Kuol juntos se hacían cargo. Kuol dirigía el culto y Vito predicaba. Compartíamos comidas juntos y comenzábamos a familiarizarnos bien.

Durante el otoño, el invierno y la primavera los voluntarios ayudaron en la construcción de la estructura exterior del centro de ministerios y comenzaron a enmarcar el interior de las instalaciones.

A medida se acercaba el verano de 2014, varios equipos de Trabajo y Testimonio fueron programados para Cactus. Queríamos en gran manera que los equipos oyeran la historia de algún refugiado, aunque todavía no habíamos oído la historia completa de Kuol. Un día nos mencionó que quería ser útil en inspirar y animar a la gente. Como Vito sabía que Kuol había compartido antes su historia con otras personas, lo invitó a que hablara a los grupos. Kuol aceptó, añadiendo que no le era problema compartir su historia con tal que inspirara a cambiar vidas.

Kuol y sus amigos prepararon una comida sudanesa tradicional para uno de los grupos juveniles que había venido a Cactus. El grupo de africanos trasplantados llegó a las 4 y media de la tarde para empezar a cocinar para la cena de las 6 de la tarde. Sin embargo, no cenamos hasta alrededor de las 8 de la noche, algo que se ajustaba a la típica "hora africana". Después de cenar, nos reunimos para un tiempo de alabanzas y adoración. El líder de los jóvenes nos dirigió en cánticos y oración, tras lo cual introdujimos Kuol. Cuando se le dio el micrófono pudimos notar que estaba extremadamente nervioso; sus primeras palabras fueron apenas audibles a medida que se acostumbraba a su público.

Kuol tenía apenas cuatro años de edad cuando la guerra estalló en Sudán. No recordaba a su padre, un oficial de la policía que había muerto al principio de los combates.

Cada día durante ese tiempo la mamá de Kuol preparaba almuerzo para él y sus hermanos y los mandaba a esconderse tras el pasto más alto cerca del pueblo. Allí permanecían ocultos hasta tarde en el día. Por meses, Kuol y sus hermanos se iban al pasto alto a las orillas del pueblo. A veces pasaban las horas simplemente jugando. En otras ocasiones sus hermanos trabajaban en el campamento atendiendo el ganado. Pero siempre permanecían vigilantes y listos para correr si era necesario.

Se proliferaban las noticias de soldados extremistas del norte que secuestraban niños de las villas de los Dinka. Circulaban rumores de que a esos niños se les lavaba el cerebro para convertirlos en soldados contra su propia gente, contra sus propias familias.

Un día, Kuol, de solo cinco años, se ocultó en el pasto con su primo de 11 años. Sus hermanos estaban en el campo cuidando del ganado. Los dos muchachos esperaron calladamente hasta la puesta del sol, ansiando el momento en que pudieran volver a su familia. De pronto oyeron un inequívoco sonido: eran disparos de armas de fuego.

El primo asió a Kuol de la mano y se echaron a correr. Los muchachos no tenían destino alguno en mente; las instrucciones que tenían eran simplemente correr hacia el este. Cuando al sonido de disparos le siguieron explosiones, los muchachos miraron hacia atrás y vieron que una columna de humo salía de lo que había sido su aldea. Kuol quiso llamar a gritos a su madre, pero hizo según las instrucciones y continuó corriendo.

Los pies descalzos pronto comenzaron a palpitar, pero los muchachos no se detenían. Desnudos y casi sin provisiones, se encontraron con un grupo que también huía hacia el este. Uniéndose al grupo, hicieron planes para viajar hacia un posible lugar seguro en Etiopía.

Kuol a veces lloraba con dolor por su madre. El primo impulsaba dócilmente al niño de cinco años mientras lo tranquilizaba diciéndole que encontrarían a su madre más adelante la próxima vez que pararan, o en la próxima vuelta. La madre nunca lo estuvo.

El hambre y la deshidratación eran la realidad para las personas que trataban de evacuar el área. Muchos de los que viajaban con los muchachos se dieron por vencidos, pero Kuol y el primo siguieron adelante.

Después de tres meses de camino, los muchachos llegaron como pudieron a un campamento de refugiados en Etiopía. Sus pies estaban cubiertos de llagas y sus cuerpos tenían aspecto coriáceo por haber estado expuestos al sol; el hambre se notaba claramente en sus rostros. Se les puso comida delante a los viajeros recién llegados con la misma premura con que se les había quitado en el camino. Muchos se enfermaron por comer muy apresuradamente y en demasía, sin embargo, Kuol había recibido instrucciones del primo de que había que comer a ritmo regulado.

La vida en el campamento de refugiados puede que no fuera tan difícil como la que se sufrió en el camino, pero las condiciones sí. No sólo eso, sino que todavía no se había dado con el paradero de la madre de Kuol ni de ningún otro miembro de la familia.

En el transcurso de los siguientes tres años el primo le enseñó al jovencito a nadar, lo cual resultó en una necesidad según lo demostrarían sus viajes. Rumbo a Etiopía, los muchachos tuvieron que cruzar el río Nilo. Siendo que para entonces Kuol todavía no sabía nadar, el primo tuvo que cargarlo al hombro a través de las aguas infestadas de cocodrilos. Muchos compañeros viajantes se ahogaron o fueron comidos por los cocodrilos, pero juntos, Kuol y su primo, lo pudieron cruzar. Tan pronto como Kuol aprendió a nadar, su primo se apartó de él para unirse a las fuerzas rebeldes de la parte meridional de Sudán.

Poco tiempo después la guerra civil explotó en Etiopía, y una de las partes en el conflicto eligió a los campamentos de refugiados como blanco. Una vez más los sudaneses tuvieron que escapar por sus vidas. Los cansados viajeros cruzaron apresurados la frontera hacia Sudán, pero el conflicto pronto los alcanzó.

Al nadar a través del río en dirección a Sudán, Kuol oía el silbido de las balas, veía personas que se ahogaban intentando llegar a lugar seguro, y también cuerpos muertos que flotaban en el río. Aquellos agotados viajeros que lograron cruzar el río continuaron corriendo.

Kuol y los demás, mientras buscaban un lugar donde detenerse, descubrieron un punto aislado cerca de un cuerpo de agua con peces para pescar. Varios árboles frutales les proporcionaron sustento adicional. El nivel del área era bajo, y debido a inundaciones recientes era imposible que los vehículos pudieran llegar hasta donde estaban. Por el momento sintieron un alivio de los ataques del norte.

Desafortunadamente, no tardó mucho sin que el ejército invasor descubriera al grupo de sudaneses que se ocultaban en el campamento improvisado de aquellas tierras bajas. Una vez las temperaturas subieron, las aguas crecidas retrocedieron. Llegó palabra a los refugiados de que el ejército venía por ellos. No tardaron mucho en recoger sus pertenencias y echarse de nuevo a correr.

Después de numerosas semanas, el grupo se encontró de nuevo en otro campamento de refugiados, esta vez en Kenia. Kuol se inscribió con el Alto Comisionado de las Naciones Unidas para los Refugiados (ACNUR) y comenzó a establecerse. Al fin pudo asistir a la escuela después de años de correr huyendo.

Años más adelante, Kuol, a la edad de 14, decidió abandonar el campamento de refugiados y pelear en el ejército rebelde en Sudán. Peleó por su país por tres años, experimentando la guerra con todos sus horrores, violencia y muerte. En cierto combate, una bomba estalló a pocos metros de Kuol, siendo lanzado a un lado por la sacudida de la explosión. Al incorporarse se dio cuenta que había perdido completamente la audición y que muchos de sus compañeros habían muerto.

Kuol estuvo sordo durante un año, hasta que un día le volvió repentinamente su audición. En lugar de reenlistar, Kuol volvió al campamento de refugiados en Kenia.

Doce largos años después de haber huido de su pueblo natal, a los 17 años de edad, Kuol fue seleccionado para reasentamiento en los Estados Unidos. En Phoenix, Arizona, Kuol vivió con una familia adoptiva, lo cual le permitió graduarse de escuela secundaria y asistir a un colegio universitario.

Kuol nunca encontró a su madre. Después de haberse reasentado en los Estados Unidos, ubicó a uno de sus hermanos y se enteró de que su madre había logrado salir de la aldea durante el primer ataque y establecerse en otra aldea. Tristemente, una bomba cayó en la casa en la otra aldea, muriendo ella y el hermano más pequeño de Kuol en los brazos de su madre. El día que la madre lo envió a ocultarse en los altos pastos fue la última vez que la vio.

Cuando Kuol terminó su relato, en el lugar no había ojos sin lágrimas. Una joven dama, sentada al borde de su asiento y con lágrimas rodando por sus mejillas, expresó lo avergonzada y culpable que se sentía sobre su propia situación. Había crecido con grandes privilegios y en una familia que la quería, pero había desperdiciado todo y "había quemado todos los puentes". Kuol la animó a que intentara volver a conectarse con su familia, explicándole que

Kuol predicando.

nunca era demasiado tarde intentar una reconciliación. Kuol no se daba cuenta en el momento de lo que había hecho, pero acababa de predicar su primer sermón.

Con el transcurrir de los meses, Kuol compartió su historia muchas veces más, sintiéndose cada vez más confiado a medida que guiaba a otros a decisiones transformadoras de vida. Comenzó el curso de estudios ministeriales, que es la preparación educativa nazarena requerida para los que desean la ordenación en la Iglesia del Nazareno. También fue designado pastor laico, bajo el pastor Michael y Vito como mentores.

Un día, sin embargo, Kuol nos dijo repentinamente que se iba. Estaba sufriendo demasiadas decepciones en Cactus. Los sudaneses no querían cambiar, y el trabajo en la planta de la industria de carnes era demasiado de arduo. Con lágrimas en nuestros ojos le dijimos adiós a un Kuol que huía de Cactus, buscando un nuevo empleo y un nuevo hogar.

Intentamos permanecer en contacto, pero no pasó mucho tiempo sin que el número de teléfono de Kuol hubiera cambiado, dándose por terminada nuestra comunicación. Lo último que oímos fue que estaba asistiendo a una Iglesia del Nazareno en otro lugar.

Por más de 30 años todo lo que Kuol ha conocido es una vida en continuo correr. Nuestra esperanza y oración son que Kuol encuentre en Cristo la paz y la fuerza que se requiere para dejar de correr.

CAPÍTULO 6
Patricia

Durante nuestro primer otoño en Cactus yo acostumbraba cada tarde ir a pie hasta la escuela primaria para recoger a Olivia y Elías.

Siendo que el pueblo no posee la estructura económica para tener su propio distrito escolar, la escuela primaria de Cactus está adscrita al distrito escolar de Dumas. (Dumas, Texas, es una ciudad a 21 kilómetros de Cactus.) Los alumnos de Cactus asisten a la escuela primaria del pueblo hasta el cuarto grado, y a partir del quinto grado son trasportados a la ciudad vecina hasta que terminen el resto de la educación primaria y secundaria.

Olivia y Elías comenzaron el segundo grado y el kindergarten respectivamente apenas tres semanas después de que llegamos a Cactus. Rápidamente hicieron amigos y comenzaron a sobresalir de maneras que no lo habían hecho antes. Nos enteramos de que todos los profesores en la primaria de Cactus estaban certificados como maestros de inglés como segundo idioma. Por ser ese el caso, tenían la libertad de ejecutar en el aula estrategias afines con esa clase de enseñanza, ya que la mayoría de los estudiantes eran principiantes en el inglés, es decir, no lo hablaban como primer idioma. Esto hizo maravillas no sólo para los estudiantes no anglófonos sino también para nuestros dos hijos, quienes hablaban solo inglés. Habíamos temido que Olivia y Elías estuvieran en desventaja en su nueva escuela, pero nos alegró que estábamos equivocados.

Cada tarde, al caminar las dos cuadras hasta la escuela, yo acostumbra a atrechar cruzando un amplio solar en el que había una destartalada casa móvil de color verde y marrón. Un día, una joven señora salió de la casa remolque y me dijo en voz alta, "¡Oiga! ¿Va para la escuela?"

"Sí".

"Bien, la acompañaré".

Así comenzó mi amistad con Patricia, una mujer de 25 años que había crecido en Cactus. Estaba embarazada de su cuarto bebé. A medida que Patricia y yo nos conocíamos mejor al caminar juntas cada tarde a la escuela y de regreso, supe que sus padres se habían venido para Cactus desde México. De niña, había asistido a la primaria de Cactus, y sus padres todavía vivían en Cactus. Su esposo, el padre de sus dos primeros hijos, trabajaba como conductor de camiones para la planta de la industria cárnica.

A medida se acercaba el invierno ya no caminábamos tanto tiempo juntas por el frío y por su embarazo; a veces les recogía de la escuela sus dos hijos mayores. De vez en cuando sus hijos venían de visita a nuestra casa a jugar con los nuestros, y nos pedían un bocadillo tras otro, y lloraban cuando era tiempo de irse porque no querían dejar de jugar.

Una tarde, cuando le entregué sus muchachos, Patricia me invitó a entrar a la casa. Me quedé estupefacta por lo que vi. Esta familia próxima a alcanzar los seis miembros prácticamente no tenía muebles, la ventana del comedor estaba quebrada y de ella colgaba una lámpara de taller de mecánica automotriz que proveía la única luz en el interior. La estufa de gas tenía cuatro hornillas encendidas que proporcionaban el calor para toda la casa. Patricia me dijo que le había dado su empanada de carne y queso al esposo cuando llegó del trabajo, porque había trabajado todo el día y necesitaba comida más que ella (recuerden, Patricia era una mujer embarazada).

Cuando dio a luz, la visité en el hospital. Se sentía sola, así que pasé horas con ella ofreciéndole compañía.

Semanas más tarde fui a visitarla a su casa; mientras tenía su varoncito recién nacido en mis brazos y observaba las cucarachas caminando a sus anchas por la vivienda, Patricia llorando me contaba que su esposo la había dejado por otra mujer. Me dijo que tenía otras alternativas, pero que no quería irse de Cactus porque allí "lo tenía hecho".

La casa de Patricia

En ese verano de 2014, Patricia, sus niños, su madre y sus sobrinos se hicieron elementos permanentes en nuestro centro de ministerios. Pasaban ratos con los equipos de Trabajo y Testimonio, cocinaban, y ayudaban en la construcción, y a su vez los nazarenos de diversas partes del país que habían venido a colaborar les mostraban su amor.

A Patricia y a su familia nunca se les invitó oficialmente a que se unieran a los equipos de voluntarios. De hecho, y con toda honestidad, había días en que eran más estorbo que ayuda. Sin embargo, casi cada mañana, allí estaban, listos para trabajar y vivir y reír junto a los voluntarios. Cuando no había equipos de voluntarios, Patricia y su familia querían que se les dijera cuándo vendría el siguiente.

Con el tiempo los niños de Patricia comenzaron a ir con nosotros los miércoles por la noche a la Iglesia del Nazareno de Dumas, Texas. Patricia y yo teníamos pláticas francas sobre su caminar con Cristo. Sin embargo, ella había sido criada como católica romana. Aunque no había ido a misa hacía bastante tiempo, ella se sentía que estaba "bien". Iría cuando las cosas mejoraran o cuando tuviera tiempo.

El verano se convirtió en otoño y el otoño en invierno y noté que Patricia ya no se dejaba ver con tanta frecuencia. Reconozco que yo también estaba ocupada y conducía a la escuela con mayor frecuencia en vez de caminar.

Un día texteé por teléfono a Patricia preguntándole cómo estaba. Me dijo que se le había hecho necesario conseguir trabajo en Dumas porque su esposo había dejado de enviarle la asistencia económica para los hijos. Pero no habían pasado dos semanas cuando me dijo que había conocido otro hombre y que ella y los hijos se iban a mudar al apartamento del individuo en Dumas. Su casa remolque de ancho sencillo de color verde y marrón se quedó vacía. Cada vez que yo la veía, luchaba con un persistente sentido de derrota.

"¿Por qué, Dios? ¿Por qué le he dado tanto de mí misma para que ella simplemente se escape con el primer individuo que haya encontrado? ¿De qué se trata esto? ¿Qué he hecho mal? ¿Pude haber hecho algo más para que se quedara? ¿Cómo pude haberla ayudado a ver que eres Tú lo que ella necesita?"

Después de Patricia mudarse seguimos texteándonos de vez en cuando y ella me compartía los altibajos de su nueva vida. Los hijos dejaron de ir a la iglesia. Ella se mantenía ocupada trabajando a tiempo completo y haciendo malabares con la familia. Continué dejándole saber que la quería y que seguía orando por ella, pero nuestra amistad rápidamente se volvió más y más reservada.

Demos un salto a enero de 2015. Me encuentro sentada participando de la escuela dominical de la Iglesia del Nazareno de Dumas. La clase estaba por terminarse cuando oí una voz familiar que llamaba a sus hijos. ¿Era cierto lo que oía? ¿Estaba Patricia en la iglesia? En efecto, Patricia entró a la clase, se sentó junto a mí y me susurró, "¿Qué hacemos?"

Minutos más tarde entramos juntas al santuario para el servicio. A mitad de sermón, Patricia se dio la vuelta y con lágrimas en sus ojos me dijo, "Jenni, estoy tan perdida".

Le eché los brazos mientras hablábamos y llorábamos y orábamos juntas. Me dijo que sabía que tenía que dejar de intentar hacer las cosas por su cuenta y que necesitaba que Dios tomara control de su vida.

Por la tarde, monté a los hijos de Patricia en mi automóvil y los tuve toda la tarde en nuestra casa mientras ella iba a su trabajo. Mientras las palabras "Estoy tan perdida" resonaban en mis oídos, Dios me recordó, "Ves, Jenni, estás haciendo exactamente lo que te he llamado a hacer. Estás amando a Patricia. Estás amando a sus hijos. Estás amando a Cactus".

Ojalá pudiera decirle al lector que las cosas han comenzado a mejorar, que Patricia ha cambiado su vida. Desafortunadamente, no es el caso. Honestamente no sé qué pasará con Patricia y su familia. No sé cuándo se sentará de nuevo en una de las bancas de la Iglesia del

Nazareno de Dumas —o de alguna otra iglesia. No sé cuándo le dé verdaderamente el control de su vida a Dios de una vez y por todas.

Lo que sí sé es que Patricia, sus hijos, su madre y sus sobrinos siguen siendo parte de la vida de nuestro Centro. Siempre que un equipo de Trabajo y Testimonio viene a Cactus, Patricia y sus niños y su mamá están ahí, a menudo cocinando las comidas y sirviéndoles a los miembros del equipo. Todavía sigue buscando aquello que llene el vacío en su vida. Pero en virtud de las relaciones que ha desarrollado con aquellos que han venido a servir en Cactus, confío que algún día encuentre el amor y la aceptación de Dios.

CAPÍTULO 7
Rana

Habíamos visto algunas veces a Kennard cuando íbamos a la escuela para recoger a nuestros hijos, pero no podíamos determinar qué país era el "suyo". Un día nuestras miradas se cruzaron e intercambiamos saludos. Hablaba inglés, pero con un fuerte acento. Vito y yo bromeábamos que tenía que ser jamaicano, pero ¿por qué un jamaicano querría mudarse a Cactus? Los saludos pronto se volvieron conversaciones y supimos que Kennard era de Guyana. Sus dos hijas estaban en las mismas clases que nuestros hijos y comenzó a formarse una amistad de después de clases.

Semanas más tarde conocimos a su esposa Rana. Hermosa. Eso fue lo primero que pensé cuando la vi. Era llamativa —alta y delgada. Hablaba un claro inglés y con muy poco acento. Asumimos que, como Kennard, también era de Guyana.

Para ese tiempo el pastor Michael Gatkek había iniciado los planes para la misión africana de la Iglesia del Nazareno de Cactus (ahora la Iglesia Africana de Cactus). Se le pidió a una congregación del área que permitiera que nuestro grupo tomara prestadas las instalaciones para una reunión; la reunión fue anunciada a la comunidad sudanesa. El pastor Michael pidió que nos uniéramos a la reunión. Quería que conociéramos particularmente a una joven familia que iría a la reunión. En Cactus, la mayoría de la comunidad sudanesa consiste de varones, a los que se les considera los "muchachos perdidos" de Sudán. Sin embargo, había una mujer sudanesa que Michael había conocido cuando era niña mientras trabajaba con la madre de la muchacha en los campamentos de refugiados.

Tan pronto como abrimos la puerta de la iglesia vimos a Kennard, a Rana y a sus hijas sentados en una banca. Nos reímos entre dientes, puesto que sabíamos que Guyana es un país sudamericano, no un país africano. Michael se aprestó a presentarnos a Rana, su amiga sudanesa. Saludamos a nuestros "nuevos" amigos con sonrisas y fuertes abrazos. Nuestros caminos se habían cruzado ya muchas veces, pero no nos habíamos familiarizado lo suficiente. Supimos ese día que Rana no era guyanesa como habíamos asumido, sino de la tribu Dinka de Sudán del Sur.

Rana y familia en una fiesta de cumpleaños

En marzo de 2014, la Iglesia del Nazareno Africana de Cactus fue lanzada oficialmente con 27 personas presentes. Kennard, Rana, y sus tres hijos estaban entre ese primer grupo que llegó. Pero la vida en Cactus era dura para la familia de Rana. Kennard trabajaba en la planta de carnes, en la curtiduría, usando sustancias químicas que le quemaban la piel y le dejaban cicatrices en sus brazos. Rana, quien se había mudado a Cactus proveniente de una ciudad principal, no tenía mucho en qué ocuparse. No había centros comerciales, los amigos eran pocos y, aparte de los rigurosos empleos de la industria cárnica, para ella otros empleos eran inexistentes. Disfrutaban el sentido de comunidad provisto por la iglesia africana, sin embargo, puesto que Kennard no era sudanés, no siempre cupo en el grupo.

Por nuestra parte, la familia de Kennard y la nuestra estrechamos nuestra amistad. Una tarde Rana me dijo que su hija, quien pronto cumpliría años, le había pedido una fiesta de cumpleaños. Rana no estaba segura de poder celebrárselo. Su apartamento era pequeño, no tenían muchos amigos, y el dinero escaseaba.

Enseguida me sobrecogió el entusiasmo. ¡Le podíamos dar a una fiesta de cumpleaños la hija como regalo! La semana siguiente encendimos la parrilla y cocinamos hamburguesas. Aquella tarde el parquecito en la esquina de la propiedad del Centro se llenó de vida con los más de 20 niños que jugaban, reían y sencillamente disfrutaban el ser niños. Fue una noche en la que la alegría y la paz se reflejaba en el rostro de cada persona.

Durante la comida, supimos que Kennard había crecido en una numerosa comunidad guyanesa en Brooklyn, Nueva York. Kennard habla el criollo guyanés (que tiene su base en el inglés) y el inglés. Había vivido una vida ruda; entraba y salía de las pandillas y de las drogas. Corría de una pandilla a otra, siempre buscando "algo mejor". Cactus era apenas una movida más en su búsqueda. Había oído que en Cactus se ganaba buen dinero, pero ahora resultaba que no era nada de lo que había esperado.

Rana también nos compartió algo de su trasfondo. Una noche, a los 11 años de edad, sintió que alguien la despertó de una sacudida. Con mirada nublada y todavía media dormida, notó el rostro tenso de su madre. Tan pronto estuvo completamente despierta, sabía que la hora había llegado. Su mano alcanzó el pequeño fardo de ropa y de necesidades de viaje que había puesto en el mismo lugar cada noche precisamente para una ocasión como esta. Apresurada y calladamente, la familia de Rana salió de la choza y de la aldea y se dieron a la huida.

Rana no recuerda haber conocido a su padre. Pero había oído ciertas historias y veía que la gente trataba a su madre con respeto, pero también con temor. Su padre era un general del ejército rebelde del sur que luchaba contra los invasores del norte. Tenía la reputación de ser una persona muy dura y violenta. La madre de Rana sabía que si los soldados enemigos entraban a la aldea le pondrían especial atención a ella y a sus hijos.

La familia de Rana pronto se unió a otras; caminaban de noche cuando era más fresco y los animales de mayor tamaño estaban dormidos. Los hombres caminaban durante el día para explorar el camino delante de las mujeres y de los niños. Rana y su familia habían aprendido a sobrevivir por haber tenido que caminar semana tras semana rumbo al campamento de refugiados. La supervivencia a veces se daba por la generosidad de otros, pero la mayoría de las veces se trataba simplemente de arreglárselas con lo que se tuviera a la mano. Rana nos describió la sed que sufrían los viajeros y cómo aprendieron rápidamente a examinar las pozas para determinar si el agua se podía tomar. Cuando llegaban a "buena" agua, llenaban tantos envases como cada persona podía llevar, sabiendo que podía tardar días antes de que dieran con otra poza de agua potable.

Habiendo llegado el grupo al campamento de refugiados, la vida no resultó menos difícil. A la familia de Rana le entregaron una sábana y cuatro palos para que montaran una tienda de campaña, la que sería su hogar el resto de la estancia. La reputación del padre de Rana le proporcionó a la familia algunas ventajas, pero la vida todavía era difícil. Algunos días recibían tres comidas; los demás días Rana y sus amigos buscaban mantenerse ocupados para disimular el hambre.

Siendo que Rana suspiraba por aprender, se sentaba junto a la ventana de la escuela improvisada del campamento y escuchaba atentamente. En su cultura, a las muchachas no se les permitía asistir a la escuela.

El estatus del padre de Rana permitió que la familia se reasentara en los Estados Unidos al cabo de solo dos años en el campamento de refugiados. Sin embargo, la llegada en los Estados Unidos no hizo que todo fuera automáticamente mejor. De repente, Rana, de 13 años de edad, se encontró como la única persona negra entre todos los estudiantes de su escuela intermedia en Nebraska. No hablaba inglés ni tenía educación alguna. La vida en los Estados Unidos no era exactamente lo que esperaba; tenía dificultades en la escuela y con frecuencia los otros estudiantes la importunaban.

En su esfuerzo por alcanzar el "sueño americano" Rana se hizo modelo y se trasladó a Nueva York. Fue allí donde conoció a Kennard, quien a su vez intentaba desarrollar su propia carrera como mezclador de música. Rana y Kennard se casaron y tuvieron tres hijos. Sin embargo, lo que ganaban con la música y el modelaje probó no ser suficiente sustento para la familia.

El primo de Kennard les dijo que había oído hablar de un excelente empleo en Texas que pagaba bien. Así pues, buscando cualquier cosa que les permitiera cubrir sus gastos, Rana, Kennard y su familia terminaron en Cactus donde Kennard consiguió empleo en la planta empacadora de carnes.

Esa noche, mientras escuchábamos a Kennard y a Rana, nuestros corazones fueron movidos. Nos regocijábamos en que el Centro, nuestra amistad, y la creciente Iglesia del Nazareno Africana de Cactus bien podría ser lo que esta familia precisamente necesitaba.

Pero, semanas más tarde, Rana me dijo que ella y Kennard habían decidido que Cactus era demasiado riguroso para ellos, y que se estaban mudando a la ciudad de Fort Worth, Texas. Mi corazón se destrozó, y jocosamente los amenacé con encadenarlos a uno de los pocos árboles del pueblo. Con lágrimas en nuestros ojos vimos a esta familia, nuestros primeros verdaderos amigos en Cactus, partir en su estropeado automóvil con las pocas pertenencias que tenían.

Me sentía derrotada. De nuevo, Rana y su familia corrían. Buscaban algo nuevo que pudiera traerles felicidad y realización. De nuevo, veía (ahora vía Facebook y llamadas telefónicas) cómo esta familia, en una nueva ciudad, luchaba con el desengaño y la angustia. Vito y yo tratamos lo más que pudimos de conectar a Rana y su familia con las iglesias del Nazareno en Fort Worth, pero nada parecía dar resultado. Y, de nuevo, me preguntaba por qué.

Parece un tanto raro decirlo, pero me alegra compartir que Kennard y Rana no tardaron en verse en dificultades financieras extremas y su matrimonio comenzó a desmoronarse. Me regocijo en esto porque fue a través de ese tiempo de conflicto que Rana se volvió a Dios. El matrimonio fue restaurado, Rana y Kennard consiguieron empleos bien remunerados, los hijos fueron bautizados, la familia ahora está muy activa en la iglesia, y están creciendo en su relación con Dios. La última vez que hablé con Rana me dijo que mudarse a Fort Worth había sido la mejor cosa que jamás pudieron haber hecho.

Discrepo. Después de años de correr de la guerra, de la persecución, de las drogas, del temor y de la infelicidad, correr a los brazos de Dios fue la mejor cosa que jamás hicieron.

Capítulo 8
Andrea

"Estoy recién llegada a Cactus. Busco un sofá", era como leía el mensaje en Facebook. El mensaje en la página de "Para la venta en Dumas y Cactus" captó mi atención, puesto que rara vez veía avisos escritos en inglés en esa página. El mensaje lo había puesto alguien de nombre Andrea, y su foto de relieve era la de una joven mujer de pelo corto, puntiagudo y rosado. Resultaba obvio que Andrea era aficionada del mundo de Disney a juzgar por los numerosos tatuajes del ratón Miguelito y las figurillas de Tinkerbell que cubrían su piel.

Típicamente yo hubiera pasado a la siguiente página buscando algo que comprar que en realidad no necesitaba. Sin embargo, hacía poco nos habían regalado una butaca reclinable de segunda mano y no teníamos ni la más mínima idea de qué hacer con ella. Así que, respondí a la solicitud de Andrea diciendo, "Tengo una butaca reclinable usada. Está en buenas condiciones y es cómoda. Es suya si la desea".

Andrea respondió inmediatamente, "Sí, la queremos. ¿Nos harían entrega?"

Hicimos arreglos para entregarle el reclinable en algún momento la semana siguiente. Había un equipo de Trabajo y Testimonio que nos estaba visitando e íbamos a estar ocupados el resto de la semana. El reclinable podía esperar.

Dos días después ocupábamos varias de las mesas del restaurante Safari Halaal Meats, el único en Cactus. Este pequeño restaurante con un mínimo de comodidades le pertenece y es operado por Saahid, un refugiado somalí. Acostumbramos llevar a todos los equipos de Trabajo y Testimonio al restaurante de Saahid para que disfruten sus platos de carne de cabra, de res y de pollo, y el curry, el arroz y las pastas. En el restaurante de Saahid nadie se va con hambre.

En aquella ocasión, y siguiendo la costumbre típica de Saahid y su familia, se había preparado una comida estilo buffet para el equipo de voluntarios. Todo el mundo estaba feliz disfrutando la comida cuando oí una voz que preguntó, "¿Me permiten ver el menú?"

Esa sencilla frase revelaba mucho. En este restaurante no había menú; uno comía lo que Saahid y su familia preparaba ese día. Además, un inglés tan claro no se oía comúnmente en Cactus, especialmente en este restaurante. Debía tratarse de alguien recién llegado a Cactus. Al darme la vuelta, noté el pelo corto, puntiagudo y rosado de la persona y supe inmediatamente de quién se trataba. Allí en el mostrador estaban Andrea, su esposo Shane, y su hijito de dos años montado en su cochecito.

"¡Vito, conozco a esa señora! ¡Es a la que le vamos a regalar la butaca reclinable!" Sin pérdida de tiempo nos acercamos a Andrea y a Shane, nos presentamos, y los invitamos a que se unieran a nuestro grupo para la cena.

Notamos que la pequeña familia devoraba la comida como si no hubiera comido en días, y me maravillé de cómo Dios había puesto esta familia en nuestro camino. Antes de retirarnos esa noche confirmamos los planes para entregarles el reclinable y nos reímos juntos de nuestro casual encuentro.

El siguiente día era sábado. El equipo de Trabajo y Testimonio ya se había retirado y estábamos reposando cuando sonó el teléfono. Era un amigo nuestro desde la ciudad de Amarillo, Texas.

"¿Podría proveerle transporte a alguien para la iglesia mañana?" me preguntó la voz al otro lado de la línea.

"Por supuesto", respondió Vito. "¿De quién se trata?"

"Es que un amigo mío conoció a ciertas personas en la oficina del doctor el otro día. Acaban de mudarse a Cactus y necesitan crear amistades. Mi amigo les mencionó que conocíamos a personas en el área y les preguntamos si les gustaría ir a la iglesia de Dumas. Se llaman Andrea y Shane".

Ese domingo entramos con Andrea y Shane a la Iglesia del Nazareno de Dumas y notamos cómo las gentes de la iglesia rodeaban a la pareja y les daban la bienvenida sin importar el pelo rosado, los tatuajes, y todo lo demás. Durante las semanas que siguieron, Andrea y Shane se nos unieron con frecuencia en nuestra asistencia a la iglesia de Dumas.

Cuando nos familiarizamos mejor con la joven familia, no tardamos en descubrir que ellos también estaban huyendo, similar a como lo hacían nuestros vecinos los refugiados. Sin embargo, más bien que huir de la guerra y del hambre, Andrea y Shane huían de la adicción, de la enfermedad mental, y de un ciclo de pobreza y de ellos mismos hacerse daño.

Andrea batallaba seriamente con varias enfermedades mentales, y no pasó mucho tiempo antes de que desapareciera el entusiasmo de la vida en un nuevo lugar. Una mañana Andrea me texteó diciéndome que necesitaba ser hospitalizada. La habían hospitalizado por problemas mentales numerosas veces antes; sin embargo, diferente al pasado, esta vez no tenía cerca a ningún familiar que cuidara de Bobby, su hijito de dos años. Resultó que Shane hubiera tenido que abandonar su trabajo en la planta de carnes para cuidar a Bobby mientras Andrea estaba en el hospital.

El siguiente día a las 4 de la madrugada, Vito y yo le dábamos la bienvenida a Bobby en nuestra familia por una semana. La mamá recibió la atención médica que tanto necesitaba, y el papá pudo continuar trabajando las duras y largas horas en la empacadora de carnes.

Andrea regresó restaurada a la casa, y lista para asumir de nuevo sus responsabilidades normales. La familia comenzó a asistir otra vez a la iglesia; las cosas estaban mejorando.

Desafortunadamente, un mes después, una vez los medicamentos se le agotaron, Andrea tuvo que ser hospitalizada de nuevo. Transcurrió otro mes. Esta vez, cuando los medicamentos se habían agotado, Andrea y Shane decidieron que era mejor regresar de nuevo a "casa", en el estado de West Virginia.

La noche antes de que Andrea y Shane partieran, Vito y yo fuimos al apartamento a orar juntos. Cuando entramos, nos encontramos literalmente con una montaña de ropa. Montones de platos sucios estaban apilados por aquí y por allá; y nunca me había encontrado con una alfombra tan sucia.

Sentada en medio de todo ese caos estaba Andrea, Shane y el pequeño Bobby. No tenían el mínimo deseo de empacar o de limpiar nada antes de partir. No había razón para hacerlo; su automóvil no podía llevar toda la mudanza. Lo que pensaban era dejar todo atrás. Nos dijeron, "Quédense con todo y dénselo a las personas que lo necesiten".

Y, en efecto, eso fue exactamente lo que hicimos. Pensamos que no era coincidencia que un pequeño grupo juvenil nos estuviera visitando ese fin de semana. La mañana después de Andrea y Shane partir, nuestro personal y los adolescentes comenzaron a empaquetarlo todo. Algunas cosas, como mesas y un sofá, se les dieron a personas que las necesitaban. Obviamente, muchas de las otras cosas terminaron en el basurero.

Hicimos la limpieza, distribuimos y acarreamos cosas, lloramos y oramos, pero también nos hacíamos preguntas. Parecía que estábamos en un espantoso ciclo de conocer personas y de ayudar a sus familias, sólo para tener de nuevo que verlas partir. ¿Qué le sucedería a Andrea, a Shane y a Bobby? Cuando arribaran a su destino, ¿habría alguien que les mostraría el amor del Señor Jesús?

Andrea y yo nos mantuvimos en contacto después de que ella y su familia salieran de Cactus. Los primeros meses estuvieron llenos de lo que parecía ser tiempos felices al volver a encontrarse con familiares y amigos. Intentaron poner sus vidas otra vez en orden. Sin embargo, no pasaría mucho tiempo sin que el alcohol, otros "amantes", y la enfermedad mental llevaran a Andrea y a Shane a perder sus trabajos y a hablar de divorcio. Me dolí mientras leía su estatus en Facebook. Andrea salía y entraba a los hospitales mentales, y Shane batallaba con retener un empleo.

Pero de momento las cosas cambiaron. Un día de primavera de 2016, el estatus de

Andrea y su hijo Bobby

Andrea leía como sigue: "¡Hoy volví a entregar mi vida a Dios y me siento estupendamente bien!" Escéptica, oré prontamente que el control de Dios sobre Andrea fuera tal que no quisiera dejarlo.

¿Qué habría llevado a Andrea de nuevo a la iglesia? ¿Quién la habría invitado? No sé mucho acerca de la iglesia a la que asiste, sin embargo, he observado una transformación de la vida de Andrea que ha ido de la pobreza, la adicción y la depresión a lo positivo, a la alabanza y al puro gozo que puede venir solamente de una relación con Jesucristo. Me ha hecho sentir humilde el que se me haya permitido unirme al peregrinar espiritual de Andrea, y confío en que Dios continúe la obra en su vida.

Capítulo 9
Cristal

En mayo de 2014, quedaron enmarcadas las paredes exteriores de las instalaciones del Centro. Se había hecho algo de trabajo eléctrico, pero los paneles para recubrir las paredes interiores no estaban todavía instalados. En ese ambiente de zona de construcción celebramos un primerísimo evento en el Centro de Ministerios Nazarenos de Cactus —un mercadillo libre. Lo llamamos así porque eso era exactamente lo que teníamos: un pequeño mercado donde la gente pudiera conseguir artículos sin tener que pagar por ellos.

Los voluntarios bloquearon la mayor parte de las instalaciones del Centro para evitar lesiones en el área sin terminar. Las mesas del área multiuso fueron atestadas de ropa, mantas, chucherías y artículos diversos del hogar.

Fue precisamente a este mercadillo al que Cristal y su familia se presentaron a comprar. Agarraban cualquier cosa y todas las cosas en las que podían poner sus manos. ¡Eran amistosos, eran alborotosos, y eran muchos! Cristal, hablando solo inglés, y su esposo, Leonardo, hablando solo español, estaban acompañados por sus cuatro hijos.

Parecía como si padres e hijos hubieran ideado un plan antes de entrar: "Agarren todo lo que puedan. Que no se quede nada".

Y siguieron esa estrategia al dedillo sin sentir vergüenza alguna. Simplemente se estaban llevando todo lo que podían. Cuando no podían con alguna cosa, les pedían a otros que los ayudaran a cargarla. Vito y yo y varios de los voluntarios nos manteníamos desde lejos observando la manera en que Cristal y su familia exhibían las características de una familia a la huida.

Pero, ¿de qué huían? No eran refugiados —no en el sentido en que uno típicamente lo entendía.

No obstante, sabíamos que era una familia en necesidad. Una familia quizá atemorizada. Una familia que veía las posesiones materiales como un escape. Cuanto más tenían, más poderosos se sentían.

Se nos pasó obtener la información de contacto de Cristal antes de que la familia se fuera. Obviamente, sentíamos algo de alivio cuando los vimos salir por las puertas con la última carga. Pero nos preguntábamos si estábamos acostumbrándolos antes que potenciándolos. Francamente, todavía no estábamos preparados para ofrecer los servicios que necesitaban.

Más tarde ese mismo año me familiaricé un poco mejor con las hijas de Cristal. Había comenzado a enseñar música en la escuela primaria de Cactus (más sobre eso más adelante), lo cual me permitió forjar relaciones con los niños de Cactus y también a construir puentes con sus familias. Si los niños confiaban en mí y la escuela confiaba en mí, entonces los padres también comenzarían a confiar en mí y en el Centro de Ministerios Nazarenos de Cactus. A medida conocía mejor a las hijas de Cristal, continué observando los mismos comportamientos exhibidos en el mercadillo. Las muchachas eran siempre el centro de la atención y siempre estaban buscando que se les diera algo.

En noviembre de 2014 el Centro llevó a cabo su primer evento de "Abrígate Cactus". En el invierno anterior habíamos notado a niños que iban a la escuela con solo sudaderas y capuchas como abrigos de invierno. La franja noroccidental de Texas experimenta un invierno con una buena parte de vientos fríos y cortantes, y con nieve; muchas de las personas de Cactus, por ser refugiados e inmigrantes, no están preparados para temperaturas demasiado frígidas.

Nuestro sueño era que el Centro pudiera proveer abrigos de invierno para los niños y los adolescentes de Cactus. Congregaciones de los estados de Texas y Oklahoma donaron abrigos de invierno ligeramente usados y también nuevos. Vito y yo, junto con un pequeño equipo de Trabajo y Testimonio procedente de Hamlin, Texas, nos preparamos para donar los abrigos, guantes y sombreros a los que no pudieran proveérselos.

El evento de dos días estaba yendo de maravillas. Había sido un fin de semana frío, perfecto para la donación de abrigos. Habíamos repartido más de 300 abrigos y una mayor cantidad de guantes y sombreros. Mientras nos preparábamos para cerrar las puertas del Centro el sábado por la tarde, todavía con algunos abrigos regados por el área, Cristal y su familia entraron por las puertas. No tardó en que viéramos cómo se repetía el mismo comportamiento mientras la familia agarraba todo cuanto encontraba a su paso.

En el siguiente verano servimos almuerzos gratuitos en nuestro programa de alimentación de temporada, y los hijos de Cristal participaron. En el otoño de 2015 observamos que Cristal inscribió a sus hijos en la nueva liga de fútbol de Cactus patrocinada por nuestro Centro y prometió que regresaría "más tarde" a pagar la pequeña cuota de inscripción, repitiendo una y otra vez su conducta oportunista. Y una y otra vez nos preguntábamos cómo podríamos hacer para empoderar esta familia en vez de malacostumbrarla.

En enero de 2016, Leonardo, el esposo de Cristal, se anotó para participar de nuestras clases de inglés como segundo idioma. El programa, que se reunía cuatro veces a la semana, ofrecía cuidado infantil gratuito para los niños menores de 13 años de edad. Después del primer día de clases recibí este mensaje de Cristal: "¿Necesitan a alguien para cuidado infantil? ¡Quisiera servir de voluntaria!"

Pensé cómo sería posible que una mujer que aprovechaba cada oportunidad para tomar ventaja deseara realmente ayudar. Fui escéptica, estando segura que Cristal tenía un motivo ulterior. Dana Franchetti, la directora de ministerios infantiles y juveniles del Centro y yo, estuvimos de acuerdo en que permitir que Cristal sirviera cuidando a los niños durante las clases de inglés no era la mejor idea. Ninguna de nosotras tenía la energía emocional para hacerse cargo de un "proyecto" así.

Cristal en la guardería de las clases de inglés

Dos semanas más tarde uno de nuestros obreros de la guardería infantil descontinuó sus servicios, lo que nos puso en aprietos. Teníamos continuamente más de 30 niños que cuidar durante las clases, y necesitábamos inmediatamente a alguien para llenar la vacante. Decidí reconsiderar la oferta de Cristal. Pensé que quizá debíamos arriesgarnos, aunque fuera solo esta vez. Le ofrecimos el trabajo a Cristal. Para ser honesta, durante las primeras semanas cuestioné múltiples veces mi decisión. Pero entonces algo cambió.

Cristal comenzó a hacer suyas las nuevas responsabilidades. Cada noche, antes de salir y alegremente, dejaba la guardería nítidamente limpia. También le complacía traer bocadillos para los niños bajo su cuidado. Cristal se dio a la tarea de planificar manualidades y otras actividades para los niños, y comenzó a servir de diversas maneras como voluntaria alrededor de la comunidad, lo que incluyó ser la entrenadora del equipo del fútbol de una de sus hijas y comenzar una tropa de Niñas Escuchas en la localidad.

Así que, decidimos asumir otro riesgo ofreciéndole a Cristal la posición de coordinadora de la niñez temprana durante las clases de inglés como segundo idioma. En el nuevo cargo, no sólo cuidaría a los niños de la guardería, sino que le proveería cierto liderazgo a otras personas que trabajaran junto a ella. Ese día, tras aceptar el nuevo cargo, Cristal escribió en su página de Facebook, "¡Qué bueno es Dios! ¡Hoy me dieron una promoción en el Centro de Ministerios Nazarenos de Cactus!"

Semana tras semana Cristal iba enamorándose más y más de los niños y de nueva responsabilidad; y en algún momento en el transcurso del camino, Cristal se enamoró de Cristo. Su manera de hablar cambió, su actitud cambió, e incluso cambió su manera de vestir. Vimos a Cristal transformarse literalmente de alguien que no podía tomar más ventaja de nosotros porque no podía, a alguien que no nos daba más porque no podía. Ahora nos da de su tiempo, de su dinero, y de ella misma de más maneras que las que podemos contar.

No fuimos nosotros los que guiamos a Cristal en la oración de confesión del pecador arrepentido, ni ella se sienta junto a nosotros en las bancas de una Iglesia del Nazareno. Era una iglesia distinta la que la había llevado a esa decisión final, y es a esa iglesia a la que ella y su familia asisten cada domingo. Pero eso no importa. Lo que importa es que Cristal ha elegido una relación transformadora de vida con Jesucristo.

Capítulo 10
Mahad

Antes de que nos mudáramos a Cactus, sabíamos que las clases de inglés como segundo idioma serían uno de los primeros ministerios que nuestro Centro ofrecería. Nuestro primer año en Cactus lo pasamos desarrollando relaciones con la gente, familiarizándonos con ellos y tratando de entender sus necesidades. Las necesidades eran muchas, y fue rápidamente evidente que no podríamos hacer todo por nosotros mismos. Así pues, en enero de 2015, Lucas y Liz Gentry se mudaron a Cactus para servir como voluntarios del Centro para la iniciación del programa de enseñanza de inglés como segundo idioma.

En el verano de 2015 se dio comienzo al primer curso de inglés. Durante cinco semanas, 10 estudiantes asistieron a clases una noche cada semana. Era un pequeño comienzo, pero era palpable el vigor que estas clases le inyectaban al Centro cada jueves por la noche. Al fin uno de nuestros primeros sueños se había hecho realidad.

El ímpetu de las clases de verano nos llevó al otoño. En septiembre, ofrecimos clases por la mañana y por la noche para acomodarnos al horario de los turnos de trabajo de la planta de la industria cárnica.

Se matricularon aproximadamente 50 estudiantes para 12 semanas de clases. Los estudiantes se reunían una vez por semana durante dos horas; se asignaban a distintos grupos dependiendo de cuánto inglés ya sabían. La mayoría de los estudiantes era de etnia hispana, con algunas otras etnias representadas. ¡Estábamos más que emocionados con esta respuesta!

Mahad, un somalí, se inscribió como uno de nuestros estudiantes. Hablaba poco inglés, de manera que fue ubicado en el curso introductorio. Durante el semestre, Lucas y Liz llegaron a conocer mejor a Mahad. Siendo que Lucas y Liz no hablaban somalí, y Mahad no hablaba demasiado inglés, la relación entre ellos se basaba puramente en sonrisas, en saludos en un inglés deficiente, y en numerosas gesticulaciones de manos. De alguna manera —y no estoy exactamente segura cómo, porque nadie en sí lo invitó— Mahad comenzó a asistir a la Misión Africana de la Iglesia del Nazareno de Cactus.

Mahad se hizo un fiel congregante, aunque bien sabía que podría ser perseguido por asistir a una iglesia cristiana debido a que había sido previamente seguidor de otra religión. Sin embargo, a Mahad no le era extraña la persecución; había huido de Somalia cuando era joven, apenas con edad para ser considerado un adulto.

La guerra civil había estallado, convirtiendo a su aldea en un campo de batalla. Mahad y su familia escaparon a pie, pero terminaron separándose durante en el viaje. Camino a un campamento de refugiados en Kenia viajó con otros, algunos de ellos miembros de la familia extendida y otros que era gente completamente extraña. Una vez en el campamento, fue una felicidad poderse juntar de nuevo con los miembros de su familia inmediata y montar una vivienda temporal.

El campamento fue el hogar de Mahad por varios años. Él y sus hermanos se inscribieron en la pequeña escuela que se había improvisado en el campamento y allí aprendieron a leer y escribir. Sin embargo, a diferencia de algunas de las otras escuelas de refugiados, su pequeña escuela enseñaba en árabe y en otros idiomas, pero no en inglés.

Varios años después, siendo ya un joven según los criterios generalizados, Mahad se reasentó en los Estados Unidos. Se mudó al estado de Minnesota, y luego al de Missouri, buscando trabajo. Finalmente se estableció en Cactus, Texas, donde se encontró con una fuerte presencia somalí y un trabajo permanente. Una vez en Cactus, Mahad pudo inscribirse libre de costo en las clases de inglés por primera vez en su vida.

Pero Mahad estaba huyendo de nuevo. Esta vez huía de la religión que él había conocido durante toda su vida. Cerca de la Navidad de 2015, ¡Mahad dejó de huir y dio su vida al Señor!

Una tarde del semestre de primavera de 2016, estando nosotros en horas laborables en la oficina del Centro, Mahad se apareció dos horas antes de que comenzara la clase de inglés. Su día laborable había terminado, pero no quería ir primero a su casa antes de la clase.

Al entrar a la oficina comenzó a indagar con Vito acerca del seguro de salud. Vito intentó ayudarle, pero no tardó mucho en darse cuenta que la falta de información y la barrera lingüística causaban dificultades. Vito le dijo que se pondría a la voz con gente de la Oficina de Recursos Humanos del gobierno acerca de la situación, asumiendo nosotros que Mahad se iría y que volvería más tarde para la clase. En vez, Mahad se quedó sentado en su asiento mirando a Vito trabajar.

Sintiéndose culpable, Vito intentó continuar la conversación con Mahad haciéndole algunas preguntas. Se enteró de que Mahad no tenía su propia Biblia, por lo que de inmediato le encontró una versión en línea en somalí y vimos cómo Mahad comenzó a leer por primera vez la Palabra de Dios en su propia lengua. Se mostró extremadamente agradecido, y dirigiéndose a su salón de clase continuó leyéndola mientras esperaba que la clase comenzara.

Poco después Vito entró al salón de clases para prepararse para la sesión cuando Mahad comenzó a hablarle en su deficiente inglés. Comparaba su religión anterior con el cristianismo, y finalmente dijo, "Mi religión. Siempre problema, problema, problema. Cristiano. ¡Siempre feliz, feliz, feliz!"

En general, el personal del Centro se había encariñado con Mahad, y fue un privilegio para todos asistir a su servicio bautismal. Debido a que no teníamos acceso a un baptisterio, otra iglesia en el pueblo nos prestaba amablemente el suyo para tales ocasiones. Era una clara noche de domingo cuando recogimos nuestras cosas y comenzamos a caminar hacia la

Mahad y Vito

iglesia en la que el bautismo se llevaría a cabo. No habíamos caminado una cuadra cuando oímos el golpeteo de pies que corrían tras nosotros. Era Mahad; había ido al Centro, nos había visto de camino a la iglesia, y quiso unírsenos.

Lo saludamos y le preguntamos que cómo estaba. El destello en sus ojos y los dientes relucientes de su amplia sonrisa lo decía todo. ¡Estaba extremadamente emocionado! Mientras caminábamos, Mahad nos manifestaba repetidas veces su alegría. A veces incluso daba saltos para arriba y para abajo o hacia delante. ¡Aquí sí teníamos un hombre lleno de emoción en cuanto al siguiente paso en su peregrinar cristiano!

No estoy seguro cuánto entendía Mahad de su bautismo. El servicio, como en la mayoría de los domingos, era una mezcla de dos lenguas tribales sudanesas del sur, el árabe y el inglés. Estoy bastante segura de que debió haber habido algo de confusión cuando el pastor Michael literalmente "sumergió" a Mahad tres veces en el baptisterio, en nombre del Padre, del Hijo, y del Espíritu Santo. Pero yo sabía por su semblante que era un hombre transformado cuando sus hermanos y hermanas en Cristo lo saludaron y lo animaron.

Ser un cristiano todavía en estos días no sigue siendo fácil ni seguro para Mahad. Se le hace necesario pedir a otros la ayuda con el transporte al trabajo porque los somalíes que antes lo llevaban ya no quieren hacerlo. Por la gracia de Dios, Mahad ha sufrido solo marginación de parte de la comunidad somalí de Cactus antes que amenazas contra su vida, como hubiera sido el caso en su país natal. De todos modos, Mahad no se avergüenza de su recién encontrada fe. De hecho, Mahad siempre llega temprano a la iglesia, y regularmente es él quien arregla las sillas y prepara el área para el momento en que los demás tengan el culto.

CAPÍTULO 11
May

Un día que iba a salir a pasear por las afueras de las instalaciones del Centro extendí la vista hasta el pequeño parque en la esquina noroeste de la propiedad y sus dos patios de recreo, sus toboganes, sus columpios, las barras trepadoras, las cinco mesas de picnic rojas, una cancha de baloncesto y un puñado de pequeños árboles. Qué cambio en comparación con el área de tierra y hierbajos que habíamos encontrado cuando primero llegamos.

Apenas había salido de la puerta cuando escuché, "¡Señora Monteblanco!", y era May Thu Aye (para abreviar la llamamos "May") y sus amigos que me saludaban con algarabías y abrazos.

May es una niña birmana de ocho años de edad que visita regularmente nuestro Centro, pero cuya familia sigue una religión diferente. May y yo nos conocimos en la escuela primaria de Cactus.

Una calurosa mañana de agosto de 2014 recibí una llamada telefónica del distrito escolar independiente de Dumas. Casi sin preámbulo el superintendente del personal me dijo, "Jenni, nos la han recomendado, y nos preguntamos si quisiera enseñar música este año en la escuela primaria de Cactus".

La verdad era que no tenía acreditación en educación primaria ni incluso deseo de enseñar, así que respondí, "Bueno, ni siquiera se me había ocurrido".

Sin embargo, pensé que quizá era un próximo paso que Dios estaba planeando para nosotros, así que cambié rápidamente de tono.

Nuestro sueldo para el primer año en Cactus estaba siendo provisto por una iglesia patrocinadora en el distrito. Esa ayuda pronto terminaría y no estábamos seguros de dónde provendría nuestra nueva financiación. Quizá esto era lo que Dios tenía guardado para nosotros. No sabía en lo absoluto cómo funcionaría, pero por lo menos era algo que merecía la oración.

Apenas dos días después yo estaría en la oficina del principal de la escuela primaria de Cactus presentándome y explicándole el motivo de que Vito y yo estuviéramos en Cactus. Éste era el primer año del principal, y también sentía que Dios lo había llamado a Cactus. Después de que hablamos unos 30 minutos sobre nuestro Centro, me preguntó, "Bien, ¿sabe usted algo de música?"

"Bueno, desde pequeña mis padres me hicieron tomar lecciones de piano y de violín".

"Entonces usted sabe más música que los niños. Quisiera que la clase de música fuera un lugar en donde ellos puedan venir a relajarse de la tensión que viven en sus vidas, y que aprendan a apreciar la música y sepan que alguien los quiere. ¿Puede ayudarnos con esto?"

"Sí, claro que puedo".

Salí de la escuela ese día con las llaves para mi nuevo salón para las clases de música. Dos semanas después abrí las puertas para recibir a 300 niños de Cactus en mi salón de clase y en mi vida.

Ese día de agosto no solo fue el principio de un año de enseñanza, sino otra manera de Dios proveer para nuestra familia y abrir puertas para establecer relaciones duraderas. Hasta ese punto nos había sido difícil entrar en buen entendimiento con la gente birmana de Cactus. El birmano es mucho más reservado que otras culturas con las que nos habíamos encontrado. La mayoría seguía una fe distinta al cristianismo, y su idioma era muy diferente al nuestro. Sin embargo, el birmano confiaba en nuestra escuela. Y si uno era profesor de escuela, el birmano confiaba en uno.

May estaba en el segundo año de primaria. Era reservada, y sus grandes ojos castaños tenían aspecto triste y penetrante.

May nació en un campamento de refugiados en Tailandia. Los padres, los abuelos, y los miembros de familia extendida huyeron de su país de origen para escapar de la persecución religiosa y política. Con el pasar del tiempo, muchos de los miembros de la familia de May vinieron a parar en Cactus con el fin de estar cerca los unos de los otros y para trabajar en la planta de la industria cárnica. La familia de May, como la mayor parte de los birmanos en Cactus, eran extremadamente unidos.

May me dijo que su abuela estaba muy enferma. Estaba recluida en el hospital de la ciudad de Amarillo, Texas, y no esperaban que viviera mucho más tiempo. La abuela de May era su mejor amiga, y estaba muy orgullosa de ella y de sus logros en la escuela. Me sentí comprometida a decirle que su abuela estaría en mis oraciones. Hasta ese punto había evitado cuidadosamente decir cosas como estas debido a nuestras diferencias religiosas. May aceptó bondadosamente mis palabras y abrazos y continuó poniéndome al día sobre la condición de su abuela.

Una mañana, May llegó con lágrimas en sus ojos. La abracé mientras me compartía que su abuela había fallecido. Ese día los amigos y primos de May lloraron en el salón de clases. Los escuché, los abracé, y oré.

Mi relación con May y con los niños birmanos continuó desarrollándose durante todo el año escolar. Fuera del salón de clases, comenzaron a presentarnos a Vito y a mí a los miembros de la familia. Poco a poco los padres comenzaron a saludarnos en la calle y a permitirles a los hijos jugar en el patio de recreo de nuestro Centro. Las familias birmanas veían que éramos amigables y que le teníamos cariño a sus hijos sin importar nuestras diferencias religiosas.

En la mañana de un sábado de abril de 2015, Vito estaba trabajando afuera cuando varios niños birmanos llegaron hasta el Centro con cestas de Pascua en sus manos. Cuando les preguntó qué hacían le dijeron, "¡Estamos aquí para la búsqueda de los huevos de Pascua de Resurrección!"

"¿Qué búsqueda de huevos?"

"No sabemos, ¡pero pensamos que ustedes probablemente estarían haciendo una aquí ya que mañana es Domingo de Pascua de Resurrección!"

Desafortunadamente, nosotros no habíamos planeado una búsqueda de huevos de Pascua de Resurrección. Sin embargo, sin pérdida de tiempo, Vito les preguntó, "¿Saben

Jenni con niños birmanos

ustedes de lo que trata la Pascua de Resurrección?" Ese sábado en la mañana Vito le habló de Jesucristo a aquel grupo de niños birmanos, y también del significado verdadero de la Pascua de Resurrección. No se les ofreció una invitación a hacer profesión de fe en esa ocasión, pero la historia del evangelio había sido plantada en sus corazones y en sus mentes.

Un día de aquel mismo verano nos sentamos en el piso con May, sus primos, su abuelo y su tía y compartimos una comida con ellos. Era un tiempo en que la gente que seguía su religión ayunaba durante el día. Durante la comida, explicamos sobre la tradición cristiana del ayuno, específicamente durante la temporada de Cuaresma. Reímos, comimos, y forjamos amistades.

May ahora es una de las mejores amiguitas de Olivia. Ella, junto a varios otros niños birmanos, juega con frecuencia en nuestro patio trasero y en el parque de recreo del Centro. A los niños birmanos se les ha dado permiso para que entren al Centro y para que jueguen en la liga de fútbol de la comunidad que el Centro facilita. Todas estas actividades se han desarrollado gradualmente, mientras que hemos establecido relaciones con este pueblo nativo.

Con motivo de que May cumplía nueve años de edad en la primavera, nos dijo que lo único que deseaba era poder comer fresas con panecillos de cacahuete y chocolate junto al personal del Centro porque, "Ustedes son mis mejores amigos". Así que, comimos panecillos y fresad a la vez que observábamos con asombro cómo un grupo de niños birmanos corría con nuestros hijos en el área de usos múltiple. No requirió sacrificio aunar esfuerzos para organizar la pequeña fiesta de cumpleaños. Sin embargo, la risa de alegría de May reflejada en sus ojos, y la risa que resonaba en el área multiusos, trajeron lágrimas a mis ojos.

Un par de semanas después, mientras May y sus amigos jugaban en las regaderas del parque de recreo del Centro, Dana Franchetti, la directora del programa infantil y juvenil, salió afuera a vigilarlos. Dana había estado cultivando la huerta el día anterior y, por haber pasado por alto aplicarse loción para la protección de la piel, sufrió sensibles quemaduras de sol. Al querer advertírselo a los niños, Dana les dijo, "¡Está caliente acá fuera! ¡Tengan cuidado de no sufrir quemaduras!"

"Oh, no", May contestó. "Vito nos hizo ponernos loción para la protección de la piel".

Conociendo que los niños birmanos eran mucho menos susceptibles a quemaduras de piel que ella, Dana les preguntó jocosamente, "¿Por qué Vito les iba a obligar a hacer una cosa así?"

"Él dijo que era para que no nos quemáramos, pero pienso que es porque nos ama".

Capítulo 12
Amor

Ojalá pudiera decir que la vida en Cactus siempre ha sido una vida llena de relaciones fructíferas. Honestamente, ha sido un arduo viaje.

Cada día es diferente, y cada día está lleno de desafíos. Algunos días despertamos y tenemos que preguntarnos, "¿Qué hacemos aquí?"

Hay mañanas que despertamos y no hay suministro de agua, y hay otras mañanas en que la propiedad amanece totalmente inundada.

En un día cualquiera nos encontramos con culturas múltiples, una tras otra, y las experiencias son tan increíbles que no podemos parar de sonreír al ver cómo Dios nos está usando.

Pero hay mañanas en que nos sentimos tan emocional y físicamente agotados que lo que queremos es sencillamente volvernos a acostar.

Hay tiempos en que nos preocupamos en cuanto a de dónde vendrá el próximo salario, pero también hay los tiempos cuando recibimos un donativo de sorpresa por la cantidad exacta que necesitamos.

La mayoría de los días las cosas no resultan como se han previsto. No logramos marcar como completado ningún asunto en nuestras listas y se siguen alargando cada vez más.

Cada día vivimos nuestras vidas. Cada día vemos gente. Cada día caminamos junto a la gente. Cada día vivimos la vida alrededor de otros. La pregunta es, ¿la vida de quién ven ellos que se vive en nosotros? En Cactus, nosotros esperamos y rogamos que cada gesto de manos, cada "hola" en el idioma que sea, cada programa y servicio social que se ofrezca, cada llamada telefónica tarde en la noche o cada reunión casual que se dé durante el día sea una proclamación encarnacional del amor de Dios. Habrá semillas que serán plantadas, otras regadas, y otras cosechadas, pero todas están en las manos del Dios que las hace crecer.

Cuando nos mudamos a Cactus teníamos numerosas y grandes ideas sobre lo que la familia Monteblanco y el Centro de Ministerios Nazarenos podrían hacer para transformar a la gente y a la comunidad. Teníamos varias listas de ideas y de planes mucho antes de mudarnos. Sin embargo, muy poco de lo que habíamos planeado en realidad ha sucedido, y los asuntos de las diversas listas que se han logrado terminaron viéndose totalmente diferentes a lo que esperábamos. Hemos llegado, pues, a la conclusión de que el ministerio entre la gente de Cactus no era sobre lo que pensábamos que necesitaban o lo que pensábamos que les serviría mejor. Lo que nos dio un cuadro más claro de sus necesidades fue primero familiarizarnos con la gente de Cactus.

San Francisco de Asís dijo, "De nada sirve caminar a predicar adonde sea a menos que nuestro caminar sea nuestro predicar". La gente de Cactus no necesita que alguien se pare en la esquina de la calle a predicarles. No necesita que alguien le dé un tratado y le prometa oración. No necesita que alguien les abra las puertas de un templo y les suplique entrar. Necesitan a alguien que camine junto a ellos, lado a lado, y que los ame de la manera que el Señor Jesús los ama. Necesitan a alguien que encarne 1 Juan 3:18: "Hijitos míos, no amemos de palabra ni de lengua, sino de hecho y en verdad".

Ojalá pudiera decir que hemos visto centenares de vidas cambiadas al instante durante los últimos tres años. No las hemos visto. Sin embargo, hemos visto ocurrir incontables milagros, milagros de los que, hasta ahora, habíamos leído solamente en la Biblia. Hemos experimentado nosotros mismos esos milagros. Pocos de los milagros han resultado en que personalmente hayamos visto conversiones. Sin embargo, ruego diariamente que las relaciones que hemos establecido resulten en cambios de vida eternos.

¿A dónde llevarán estas historias que hemos compartido y estas relaciones que hemos establecido? No sé. Lo que sí sé es que hemos dado de nosotros, de nuestra vida privada, de nuestras comodidades, de nuestros ideales… ¿y para qué? ¡Ciertamente no para nosotros, no para añadir a la cuenta de vidas salvadas y menos aún producir una buena ilustración para un libro! Esto no tiene que ver conmigo ni con mi familia y ni siquiera con el Centro de Ministerios Nazarenos de Cactus. Tiene que ver con ser las manos y los pies de Cristo para todo aquel con quien uno se encuentre. No es para nuestra gloria, sino para que Él sea glorificado y para que las vidas sean cambiadas.

En la última clase del curso de inglés como segundo idioma del semestre de primavera de 2016, los estudiantes del segundo nivel estaban repasando el superlativo en gramática, como por ejemplo amable, muy amable y amabilísimo. Uno de los estudiantes de la clase era la birmana Su Yi Win. Su hermano es Zin Thet, el principal líder religioso de su fe en Cactus. Nos enteramos de que la hermana de Zin Thet y Su Yi Win tuvo un serio accidente automovilístico en el que se había fracturado el cuello. Estábamos agradecidos de que, según nos informaron, no quedaría paralizada, sin embargo, sí se enfrentaría a un largo proceso de recuperación.

Cuando Vito oyó de la situación, llamó por teléfono a Zin Thet para preguntarle cómo seguía su hermana. Durante la conversación, y sin pensarlo, Vito le dijo a Zin Thet que estaría orando por la hermana y por la familia. Vito recuerda haberse detenido después de que se lo dijera y pensar, "Espero que lo que le dije no afecte nuestra relación, pero es quien soy. Le habría dicho lo mismo a cualquier otra persona".

Zin Thet detuvo brevemente la conversación, pero después dijo, "Gracias. Ella necesita sus oraciones".

En aquel último día de las clases de inglés, a Su Yi Win se le pidió que utilizara el superlativo de la palabra "amable" en una frase. Sin vacilar, Su Yi Win dijo, "La persona más amable que conozco es Vito porque ayuda a la gente sin importar quién sea".

Si eso es lo que Su Yi Win conoce de nosotros, entonces ha conocido al Señor Jesús. Continuamos siendo las manos y los pies de Jesús para Su Yi Win y muchos otros como ella. Los ponemos a todos y cada uno en las manos de Dios.

No sé lo que traerá el mañana. No sé cómo se verán las cosas el próximo año o de aquí a cinco años. Lo que sí sé es que Dios ha llamado nuestra familia y al personal y los voluntarios del Centro de Ministerios Nazarenos de Cactus a estar presentes en las vidas de personas que de otra manera nunca conocerían al Señor Jesús. De esto es que trata nuestro Centro, de relacionarnos con la gente de Cactus y amarlos exactamente donde estén. Porque donde estén es exactamente donde necesitan estar a fin de conocer al Señor Jesús.

Actúe

- Las personas quieren saber a menudo cómo ayudar a otros. Para las personas que asisten a la Iglesia del Nazareno, aunque dar al Fondo de Evangelización Mundial es la manera más simple de hacerlo, es por mucho la de mayor alcance. Cuando usted da su ofrenda para el Fondo de Evangelización Mundial, ayuda a hacer posible que esta historia sea relatada de nuevo, vivida de nuevo, y experimentada de nuevo en otras culturas en todo el mundo.

- Probablemente haya inmigrantes y refugiados viviendo en su comunidad. Es probable que estén buscando amigos que les ayuden a atravesar el mar de sus nuevas vidas. Si usted vive en una ciudad principal, probablemente en su vecindad haya una agencia para el reasentamiento de refugiados. Tales agencias reciben con bien a las personas que quieran ayudar enseñando clases en el idioma del área. Puede que se necesite clases sobre salud y nutrición, la ayuda legal, la preparación para el empleo y mucho más. En muchas áreas, las escuelas se asocian con las iglesias para proveer apoyo para familias de inmigrantes o de refugiados. Para una lista de este tipo de agencias y de lo que necesitan en el área donde usted vive, si hay acceso a la Internet, puede buscar información bajo el tópico de "agencias para el reasentamiento del refugiado" en Google.

- Ayudar a una población marginada, cualquiera que sea, no puede hacerse calcando otros ministerios y anticipando los mismos resultados. Familiarícese con la gente en su comunidad a fin de determinar sus necesidades, sean físicas, sociales o espirituales.

Algunas de las actividades enumeradas en este libro pueden servir de puntos de partida, pero asegúrese de que sean eficaces. Esté dispuesto a cambiar de rumbo y a traer sus propias ideas basado en las necesidades que existan a su alrededor.

- No tenga miedo de decir "hola" y de ofrecer una sonrisa genuina. El inmigrante o el refugiado puede ser alguien en la tienda de comestibles que no hable su idioma. Podría ser la familia en la oficina del doctor que parece desconocer el ambiente y no estar segura de lo que debe hacer. La persona que se viste diferente o come comidas que son desconocidas para usted podría ser un inmigrante. Usted incluso podría preguntarse si acaso esa persona necesite papeles de residencia. Su compañero de trabajo, su vecino, o hasta un miembro mismo de su familia podría ser un refugiado. De una u otra manera, todos están en necesidad de alguien que le dé la mano, comparta una comida, le muestre el camino, que viva a su lado.

- Hay buenos documentales y vídeos que cuentan historias de refugiados, específicamente la historia de los refugiados sudaneses del sur. Son recursos excelentes que dan una mejor idea de los retos que enfrentan. Recomendamos The Good Lie, un vídeo en inglés que describe de manera adecuada la experiencia del refugiado de Sudán del Sur. Muchas de estas historias son explícitas, así que, por favor, repáselas de antemano antes de mostrar los vídeos. Las personas, especialmente los niños y los jóvenes, deben ser prevenidos antes de ser expuestos a historias que podrían resultarles angustiantes.

- Hágase partícipe de los ministerios para el inmigrante y el refugiado a través del Centro de Ministerios Nazarenos de Cactus por orar, ayudar financieramente o servir en algún equipo de Trabajo y Testimonio asignado a nuestro Centro. Si tiene acceso al Internet, visite el sitio web de nuestro Centro en www.cactus-ministries.org y su página de Facebook en <u>www.facebook.com/CactusNazarene</u> para actualizaciones, peticiones de oración, oportunidades de servicios y lugares cibernéticos dónde ofrendar.

- Los Ministerios Nazarenos de Compasión ocupan un lugar vital en los esfuerzos de alivio a los refugiados en todo el mundo. Usted puede saber más sobre cómo la Iglesia del Nazareno está ayudando a la gente atrapada en la crisis de los refugiados al visitar www.ncm.org. La organización provee diversos recursos de estudio en respuesta a la crisis del refugiado, y están disponibles gratuitamente para su iglesia o pequeño grupo. Usted puede acceder a ellos a través del enlace "Recursos para la Iglesia" o de <u>www.ncm.org/refugees</u>.

Notas

[1] A menos que se indique lo contrario, la moneda es en dólares americanos.

[2] "Estos Más Pequeños" por Susan Downs se reproduce con permiso de Guideposts. Copyright © 2014 por Guideposts. Todos los derechos reservados.

[3] Una casa móvil de ancho sencillo es regularmente una estructura de 4.5 por 22 metros en tamaño. Las construyen en fábricas, para luego transportarlas a algún lugar permanente o semipermanente. También se les conoce como casas remolques o casas caravanas.

[4] Los ingresos promedio del 15.4 por ciento de la población de Cactus cae por debajo del nivel de pobreza en los Estados Unidos, que en el año 2014 promediaba ingresos de $23,834 por familia de cuatro miembros.